脸要穷养，身要娇养

佟彤 / 著

湖南科学技术出版社

女人脸五大烦恼的食疗方案

烦恼 1
肤色黑
维生素C是很强的还原剂，可以使黑色素褪色甚至还原；而维生素E也有抑制氧化的作用。选择富含维生素C和E的食物可以起到美白效果。

鲜枣 鲜枣故有"天然维生素 C丸"之美称，是最好的天然抗氧化食物。

猕猴桃 被誉为"维C之王"，1个猕猴桃能提供一个人一日维生素C需求量的2倍多。

辣椒 辣椒中维生素C的含量在蔬菜中居第1位。

榛子 富含不饱和脂肪酸和维生素E，对增加皮肤弹性和滋润光泽都大有裨益。

杏仁 富含维生素E，有很好的抑制氧化、润泽肌肤的作用。

烦恼 2
斑点
女性承载了孕育分娩大任，体内雌激素、孕激素等的微妙结合稍有差池，脸上就会出现斑点，既然如此，祛斑的关键还是身体的调理。

·青色斑点：肝气郁结

玫瑰花茶： 将干玫瑰花用开水冲泡，盖盖子焖5分钟后加入冰糖或蜂蜜即可。

·黄色斑点：脾虚

小米红枣粥： 小米和红枣同煮至粘稠为止，可将山药、莲子加入粥里，效果更佳。

·黑色斑点：肾虚

冰糖薄荷茶： 将薄荷用开水冲泡，盖盖子焖5分钟后加并入冰糖或蜂蜜即可。

烦恼3 皱纹

面部长皱纹主要是因为身体缺水、身体不会用水所致，要想消除面部皱纹，要向帮助体内补水并存水的方向努力。

百合糯米粥：
将干百合、糯米、莲子浸泡半天，置入砂锅中文火炖至软烂，加入冰糖和黑芝麻即可。

银耳莲子汤：
银耳、莲子浸泡半天，炖至粘稠后，加入冰糖或蜂蜜即可。

麦冬乌梅茶：
麦冬与乌梅一起用开水冲泡，盖盖子焖5分钟后加并入冰糖或蜂蜜即可。

烦恼4 松弛

女人变得不紧致是一种疾病状态，要想保证精致的线条，必须从抗衰老做起，甚至从治病做起。

红豆薏米粥：
红豆25克，薏米100克。可略加大米以增加粥的黏度。

鲫鱼冬瓜汤：
鲫鱼去内脏、麟，清洗干净后与冬瓜和生姜同煮，加少许黄酒和食盐。

烦恼5 暗黄

黄色是中国女人的"国色"，特别是当她们开始衰老，开始脾虚，黄色更为严重，所以要改善黄脸婆的状态，一定要兼顾到补血和补脾气。

益血养颜膏：
大枣去核，与冰糖、核桃仁同蒸后密封置于冰箱内，"小寒"节气前后两个月食用。

归生姜羊肉汤：
羊肉洗净切大片，与当归和生姜同炖，加少许黄酒和食盐即可。

女人身形的最佳状态

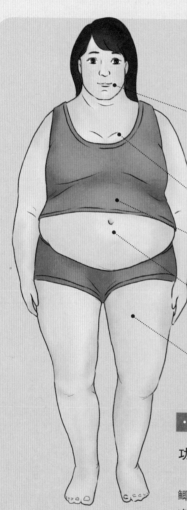

天下没有不长肉的食物，即使是豆腐，吃过了身体所能消耗的量，一样会长胖！

多吃富含膳食纤维的食物，如玉米面、燕麦片，这会增加你的饱腹感，减少食物的摄入量。

少吃多动，不让今天吃多的美味过夜。

1周减肥500克，可以避免因快速减肥而生出皱纹。

白萝卜能补气、清肠、祛痰湿，是肥胖女性应该常吃的"明星食物"。

· 鲫鱼萝卜汤

功效：既补充优质蛋白质，又发挥白萝卜的消脂效果。

鲫鱼1条，剖洗干净，白萝卜500~1000克，洗净，擦成丝。鲫鱼凉水下锅，煮开后下入萝卜丝，煮至萝卜丝烂，加2勺黄酒，开锅后加盐、鸡精调味即可。

常吃黄精、山药、黄豆、醪糟、蜂王浆能令女人丰润白皙。

脂肪是生成雌激素的重要场所，缺乏脂肪的干瘦女性缺乏女人味。

"女子已肝为先天"，养好肝才能血气充足。

干瘦女性可吃"人参归脾丸"，补脾养血，气色才会更好。

"六味地黄丸"包括女科补血补阴的"圣药"：当归、熟地、山茱萸、山药等，是一味很稳健的补阴增肥药。

骨盆小的女性容易出现月经问题，因为骨盆太小、太紧会影响血液循环。

· 肥白方

功效：补虚润燥，健脾益肺，令女性丰润白皙。

将黑豆洗净，用水泡至外皮微皱，捞出放入竹筐，盖上湿布，每日淋水1~2次，使其发芽。待芽长到1厘米左右时，取出晒干，炒熟磨粉，加入适量猪油拌匀，制成约10克的丸。每日吃2次，每次吃2丸。

不能忽视的女人病

偏头痛需要缓慢而长期的治疗，一吃马上就起效的药物未必能根治偏头痛。

月经之后经常头痛的女性一般是血虚，可以经常服用"八珍丸"，气血双补，让气血充足，不再头痛。

如果1周出现3次以上失眠现象，持续1个月及以上，有可能患了"失眠症"，需要去医院治疗。

如果你的头痛发生在每次来月经之前，则有"肝郁"的可能，疏肝理气是治疗的根本，可以在月经来之前1~2周服用加味逍遥散。

"肝郁"主要和情绪有关系，女性的情绪更加敏感脆弱，更容易心眼小，因此是"肝郁"的高发人群。

· 玫瑰花茶　玫瑰花4~5朵，加少许冰糖，开水冲泡三五分钟，待花香味溢出后就可以饮用。月经来之前每天饮用，能够辅助起到疏肝的作用。

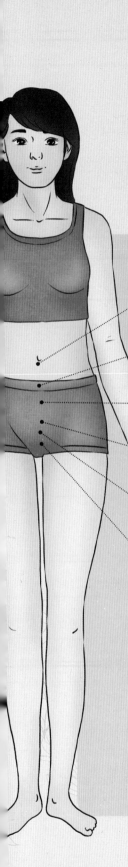

青春期的痛经无大碍，中年时的痛经无小事。

"桂枝茯苓丸"、"失笑散"有活血化瘀的作用，可以用来缓解痛经症状。

子宫肌瘤的恶变率非常低，大部分都是良性的，没有必要一定要把它切除。

宫颈糜烂就是普通的炎症，没有症状的糜烂可以不治疗。

排卵期出血肯定会影响怀孕，如果你每次都在排卵期出血，但又有怀孕计划，那就要及时医治。

一旦发现自己有异常出血的状况，一定要及时检查，以免贻误治疗而给自己带来无尽的麻烦。

·祛寒艾灸疗痛经法

将1片生姜放在气海穴（肚脐下一点五寸的位置）上，捏一小撮艾绒（药店有售），捏成一个小三角形，放在姜片上点燃，进行热灸。月经来之前每天灸3~5次，长期坚持，再来月经时疼痛会明显减轻。

值得关注的女人孕

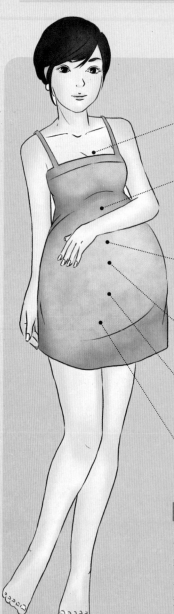

怀孕后体重增长不能超过30斤。

怀孕时每天至少要吃150克粮食，最好能吃到250克。

孕妇每天需要钙质1200毫克左右，最好通过日常饮食来摄取，不足的部分可以通过钙制品补足。

怀孕期间一定不能缺铁，可以通过食用红枣、木耳、动物肝脏、动物血等来补充。

孕期糖尿病和唐氏综合征是怀孕期间容易出现的异常，要按时去做筛查。

"药流"不能自己做，做前一定要先做B超。

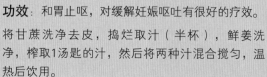

· 生姜甘蔗汁

功效：和胃止呕，对缓解妊娠呕吐有很好的疗效。将甘蔗洗净去皮，捣烂取汁（半杯），鲜姜洗净，榨取1汤匙的汁，然后将两种汁混合搅匀，温热后饮用。

序

　　把本书定名为《脸要穷养，身要娇养》之前，有个朋友建议，干脆叫《身要宠着，脸要躁着》得了。她是一个每天只用凡士林打发脸面，却一日三餐，餐餐斟酌，言必"食疗"、"药膳"的"宅女"。我觉得她起的书名有点儿"狠"，怕读者不理解、不接受，因为舍得"穷养"面容、懂得"娇养"身体的女人，现在已经是凤毛麟角了。

　　我确实眼见着身边的很多女人，为了美容的梦想一掷千金，从"羊胎素"到"胶原蛋白"，不一而足，这种坊间流行的做法，经常是医生们闲聊时的笑柄。"羊胎素"能让你容颜不老吗？除非指望其中含有的雌激素，但那就得生吃，只要加工，作为蛋白质的激素马上变性失效。换句话说，即便是你能生吃，你敢付出雌激素过量导致妇科癌症的代价吗？还有胶原蛋白，它传说中的去皱效果大概来自吃了猪蹄之后，沾了胶质的手和脸都会变得紧绷，这更是滑稽，因为皮肤的首要功能不是吸收养分、接受异己，而是屏障外界、保护自己，绝对不是你抹什么它就吸收什么、你抹多少它就吸收多少的，特别是像胶原蛋白这样的大分子物质，否则我们每次洗澡、游泳之后，不就变成泡发的面包了？

　　因此，从医学原理上说，脸要"躁着"、"穷养"真是没错。你为局部皮肤保养花的钱，能获得的效果十分有限，它们成全得更多的是你对美丽的向往。相反，如果你把这个工夫正确地花在身体上，效果却是切实而绵长的。因为任何一个器官组织的结构完好、功能健全，都是以身体健康、气血充盛为基础的，作为身体最大的器官——皮肤，也概莫能外。因此，与其"娇养"皮肤，不如"娇养"身体，具体说就是保持身体的气血充盈。

美容上有个经验之谈，"吃在脸上"或者说"美丽是吃出来的"，这个吃就是对身体的"娇养"、健康的维护，也是本书写作的初衷。

这里提到的"气"、"血"是中医独有的概念，"气"是指功能，"血"是指物质。说到气，首先是气不能虚，也不能郁，功能要强健，而且能通畅；说到血，则是血不能瘀，也不能寒，物质要充足，而且有生机。虚、郁、瘀、寒，凡此四种围绕着气血产生的失常，就是影响女人身体乃至容颜的关键。因此，女人的健康美丽需要以补气、解郁、化瘀、去寒为主要前提，这是指生理的。另一个影响容颜的重要原因就是心理了，一个终日愁眉苦脸的女人，怎么可能指望高档的化妆品来遮盖愁容乃至丑容呢？

很多人相信古时皇后或者现代明星的美容秘诀，殊不知，即便这些秘诀是有用的，但是和这些秘诀共同起效的，一定还有她们对内里的保养。比如慈禧，她除美容秘诀之外还有常人不能比的考究饮食、严格防护，绝对不是仅凭"珍珠粉"就能驻颜不老的。凡是只相信后者，仅仅指望后者使自己保持美貌的人，都犯了东施效颦的毛病，本书也是写给她们的。

佟 彤

目 录
CONTENTS

第一章
女人·心

"最好的医生就是身体的潜能"，只要将组成"病"字下面的那个和"心"对应的"丙"字换去，"毁容伤身"的诱因自然也就消失了。

"毁容伤身"的心思、欲望、面子、感情

"毁容伤身"的虚、郁、瘀、寒

第二章

女人·脸

还在指望涂抹各种名牌保养品来解决"面子"问题吗？赶快停止吧，先来看看是不是气、血、肝、肾出了问题。

美白：皮肤可以被晒黑，也可以被吃黑

抗斑：追根溯源，消除颜色各异的斑点

除皱：长皱纹是因为你的身体不会用水

第三章

女人·身

胖要补气、瘦要补血。气虚型的肥胖单靠节食是没用的，而
过瘦的女人则缺少女人味儿，更缺少神性。

元气虚带来的肥胖

阴血亏导致的干瘦

第四章

女人·病

生病的女人不会有好气色，美丽更无从谈起。针对各种影响
女人容貌的疾病，一定要对症施治、斩草除根！

最容易吃错药的头痛

安眠药治不了的失眠

名字吓人的"宫颈糜烂"

第五章

女人·孕

孕期保养要在"战略上藐视、战术上重视"，合理进补，趁
机改善体质，变得丰润白皙，更具女人的神性。

被放纵了的孕期饮食

第一章

女人·心

"毁容伤身"的心思、欲望、面子、感情

"毁容伤身"的虚、郁、瘀、寒

　　西医学鼻祖希波克拉底说过 "最好的医生就是身体的潜能"，而心思沉重就是压抑这种潜能的罪魁！具体说来就包括你的欲望、感情、面子。

　　欲望绝对不能大于实力，因为 "欲望−实力＝上火"；不要成为情感的奴隶，因为在情场上有这样的经验之谈："你追求，你失去；你放弃，你拥有"；不要让 "自我" 过大，因为所有的不满、苦闷其实都装在你的 "自我" 里。打碎 "自我" 就等于打碎了一个盛了烦恼、伤痛的 "容器"。

"毁容伤身"的心思、欲望、面子、感情

在现实生活中，不生气、不压抑，永远保持平和不是每个人都做得到的，但至少可以向这个方向努力，使心理、精神对身体的影响降到最低，做到这一点，就需要搞清楚下面几件事。

⊙ "心"没了，疾病就没了

我在我的前一本书《不上火的生活》中提到过，汉字中的"病"字，下面是个甲乙丙丁的"丙"字。之所以古人在造字的时候选择了"丙"，而不是甲、乙或者其他字，是因为在天干中，甲乙丙丁分别和五脏对应，其中的"丙"是对应"心"的。也就是说，古人很早就意识到，人之所以生病，身体状态不好，和心理、心思、心情有很大关系，心情好，心情放松，病就好了一半。这种经验之谈确实是有依据的。

曾经有过一篇报道，一个年轻女孩子得了肺癌，经过治疗控制之后她出院了。因为觉得自己来日无多，她有了豁出去的念头，想让自己最后的时日过得痛快、尽兴，于是，她开始抽烟喝酒。

谁都知道抽烟喝酒是个伤身的恶习，更何况她还有癌症在身。但是，半年之后她去医院复查，居然发现癌症并没有因为烟酒而加剧、恶化；人们开始议论：也许抽烟喝酒并没有宣传中说的那样会置人于死

地。事实上，并不是烟酒无过，这个女孩子在烟酒中仍旧能侥幸平安的原因不在身体上，而是在心理上。她的自暴自弃在某种意义上就是解开了生与死这个癌症病人死死纠缠的心结，这个精神的"紧箍咒"，看透了生死，心结也就不在了，身体就得到了救赎。具体说就是身体的潜能发挥了出来，自然有了自我复原的能力。

这种情况在另一组癌症病人身上也得到了验证。

这组癌症病人，在被诊断出癌症之后又罹患了精神分裂症。本来这该是件雪上加霜的事，但半年之后，他们被家人带到医院复查，结果发现，那些和他们同时被诊断患癌症，但没有发生精神分裂的正常人，很多因为癌症的恶化或者放射治疗（简称放疗）、化学药物治疗（简称化疗）的打击已经不在人世，唯独这些已经失去了正常人格，完全"没心没肺"的精神分裂者，他们身上的癌症肿块居然消失了！原因何在？就是因为生与死这个心结对他们来说不存在了，只不过那个肺癌女孩子是主动放弃了对生的强烈追求，而精神分裂者是因为精神的原因，客观上产生了同样的效果。但不管哪种，他们的身体能战胜癌症，都是因为摆脱了心理的压力，把组成"病"字下面的那个和"心"对应的"丙"字换去了……也就是说，只要摆脱了心理压力，很多疾病都可以康复，甚至不治而愈，这一点，西医学鼻祖希波克拉底就已经意识到。

希波克拉底有句名言："最好的医生就是身体的潜能。"这个西医学的开创者将生命的最大希望寄托给生命本身，而不是后来层出不穷的医学技术，不是因为他低估了后世医学技术的力量，而是他的后人，失去了发挥身体潜能的本事……

我经常听到很多人说，某某人非常注意养生，为了保证每天各种营养素摄入的精确性，厨房里都放着天平，或者为了卫生，家里早就开始"分餐制"了。但是，往往这些人却早早就被癌症或者其他疾病夺去了生命，这种结果似乎让人质疑我们一直在宣传的健康保健知识了。事实上，不是健康保健知识的问题，而是这些人在遵循这些知识的同时，也在给自己的身体增加着"紧箍咒"。我相信，他们每天用天平称量食盐、味精的时候，他们将自己的碗筷严格消毒时，"我绝对不能生病"、"我要长寿"、"我要年轻美貌"等美好的理想，正在拧成制约他们心情的一个结，而实现这些理想的过程也变成了一个并不轻松的过程，无法举重若轻，即便这个理想是合乎健康规律的，但实施它时的过分经意，就对身体潜能构成了束缚。

为什么民间有"不干不净，吃了没病"的说法？而且在很多边远地区的人身上应验了？不仅是因为适度的外界异物可以激发人免疫系统的功能，更重要的是，这种大大咧咧的人，心思往往不会太细致，不会有更多的心结，这就使他们的身体有了发挥潜能、战胜疾病、躲过病害的机会。

⊙心烦了，皮肤就坏了

世上有3种人是不容易生病、不容易衰老的。一种是前面讲的精神分裂者，一种是痴呆者，比如老年痴呆。只要这种病人被照顾得不出现外伤之类的意外，他们是可以活得长过照顾他们的老伴儿甚至儿女，看上去也会是细皮嫩肉的。还有一种就是高僧、修行者。我们常叫他们

"苦行僧"，因为他们的饮食起居都非常清贫，非常人可比，甚至有人曾经给这些僧人做过体检，那些关系到我们健康的指标，在他们都不合格，但他们却活过了天年，历史上记载的长寿者很多都是高僧……

研究者提出，人体的潜能要在摆脱了大脑皮质对下层中枢的控制之后才能发挥。大脑皮层就是我们心思、情绪、杂念、欲望产生的地方，它是人体的"最高领导"，与生俱来地对下面的各级中枢，包括消化、呼吸、循环、神经、内分泌等所有功能系统都有调节、约束作用。上面说的3种人，或者因为客观的疾病或者因为主观的修行，解开了能够左右身体的心结，摆脱了大脑皮质这个"最高领导"的指挥，只不过前两者是因为疾病而"没心没肺"，后者是因为修行而无欲无求。但不管哪种，都给了身体发挥潜能的机会，所以他们有了比常人更多的康复机会和年轻的可能。

这个原理同样可以放之于女性的容颜上。

我见过一个突然失去儿子的母亲，才40岁出头，儿子因为车祸在瞬间离她而去，她把自己关在家里一整天，第二天开门迎接慰问她的人的时候，所有人都惊住了：她居然在一天之间头发全白了！人老了10岁！

我还见过最终找到了爱情的女人，之前因为失恋一直郁郁寡欢，刚过30岁却已经跟个早衰的"黄脸婆"一样，像一枚果子，还没真的灌浆、成熟就被压成了没有水分的果脯。后来，她认识了一个中意的人，对方也很在意她，他们很快结婚了，蜜月回来时我再见她，才真正体会到"滋润"二字是什么意思，她的健康和美丽，是从脸上的每个毛孔里透出来的。

所以，女人的美丽，需要正确的保养知识，还需要淡定平和的心态，非此，任何美丽的理想、健康的理念，如果以糟糕的心态、心情为伴，都可能变成一个禁锢你身体潜能的"紧箍咒"，有了这个"紧箍咒"，你孜孜以求的美貌也同样成了难事。

这一点，有实验为证。对一组"入静"的受试者的实验发现，他们在"入静"的锻炼过程中，随着锻炼时间的延长，"入静"的次数的增加，皮肤的电活动逐渐趋于稳定。"入静"，就是通过意念的调整使心中平静、意识成空的过程。这个时候，人是什么都不想的。而皮肤电活动稳定就意味着皮肤的血管收缩是正常的，不因情绪的变化而承受刺激，这是影响皮肤质量的重要一环，也是淡定、平和的心境是容颜保证的证据之一。

中医认为，人的"七情"，喜、怒、忧、思、悲、恐、惊是可以对身体造成伤害的精神因素，这些异常情绪一旦发生，身体都要产生一种应激反应。

所谓应激反应，就是身体在遇到强大的创伤或者巨大的情感变化时，为了维持生命，保证内环境的相对稳定，而出现的一系列复杂的防御、适应性反应，以应对突然到来的打击。具体地说，就是引起糖皮质激素分泌的增加，使蛋白质的分解亢进，以增加"糖原异生"。

"糖原异生"就是身体为了应对特殊情况，将一些非糖物质转化为能最快供能的糖，以保证应激状态下身体的能量供应，这个时候，蛋白质是首当其冲地被调动出来作贡献的，身体将自身的蛋白质转化为糖。但是你要知道，蛋白质就是人体的支架，我们身体的器官、组织，包括皮肤的形态保持，就靠蛋白质，这种应激反应时动用的物质就是维持我们形态，甚至是体面的"支架"！

所以，我们经常看到很多人遇到精神打击之后变样了，那种状态不是减肥或者锻炼之后的消瘦、紧致，而是要用"憔悴"、"脱形"、"脱相"来形容的一种病态、病容，就是因为他们在灾难的打击下，在异常情绪的刺激下，维持身体形态的蛋白质被动用出去了，而这，就是坏心情影响容颜的最好证据。

⊙欲望多了，苦恼就多了

很多人心情不好，不是因为无路可走，而是因为有太多的选择、太多的诱惑，想得到但是无法得到。这是现代人的通病，在女人更常见，因为她们比男人更加感性，更加容易受外界的影响，而这就成了她们坏情绪的根源。就像我们去商店买东西，面对琳琅满目的商品，经常会说自己"挑花眼了"，在这种挑选的过程中，你其实未必开心，甚至会觉得很累，而且累到最后买回来的那个，还不一定就是满意的那个，很多人甚至会后悔，所以心理学上说，选择越多越痛苦。

比如，你想找工作，最初是找不到合适的，但有可能会一夜之间突然有3个单位出现了，都想要你，你就开始头痛了、痛苦了。一个是薪金高，一个是离家近，一个是同事都是熟人。到底选哪个？左思右想之后你没准就会说："还不如就给我一个机会呢！就没现在这么烦。"

　　很多有钱人闲极无聊的时候去登"珠峰"，去"无人区"探险，在艰苦的行程中却心情大好，因为在那里，自己被逼到一个别无选择的境地，没有"到底投资还是撤资"、"要不要接下一个项目"的纠结，选择只有一个，就是怎么从危险地带走出去，活下去。所以，在那种困境中，即便条件艰苦，但心是安静的，那种平时不能耐受的疲劳反倒成了一种彻底的放松。当然，还有一种人，即便有多的选择也能很淡定，不让自己的情绪为外界左右。我认识一位编辑，很有才华，收入不菲，但是他是个彻底的环保主义者，而且很坚定。身边的人都买车了，而且还在想着什么时候换辆更新的车，只有他，永远是一身纯棉的衣服，出去办事永远是骑自行车，太远的话就坐公交车。他的这个习惯从来没因为身边其他人的变化或者怂恿而改变过，也因此，他的需求也就相对地低，因为他没必要为买车攒钱，也就没必要让自己忙着去挣钱，所以他活得很自在，有闲云野鹤的感觉。

　　所以，只要你能把握自己的欲望，不使欲望因为机会的出现而变化、升高，就少了很多烦心事。

　　我在上一本《不上火的生活》一书中提到一个概念："欲望-实力=上火"，这是中国中医科学院陈小野教授提出来的。就是说，如果你的欲望很多、选择很多，多到超过了你的实力，你就会着急上火，就要体会所愿不遂的痛苦。其实，折磨你的，让你不痛快的不是你的能力，而是你不切实际的欲望和选择。所以，保持一个良好的心态，首先要有自知之明，不要给自己设定实现不了的目标，即便别人都那样设定了，你也别跟风儿，因为你不是别人，你们的能力和境遇不同，你的跟风就是折磨自己。

⊙ "自我"变大了，自在就少了

女人心烦的第二个问题是太在意自己，她们需要借用王朔的语式劝诫自己："千万别把我当人。"

所谓把自己当人，或者说太当回事了，就是在放大或者强调你的"自我"。但是，人的痛苦、烦恼都是来自"自我"，通俗地说，是"死要面子活受罪"，"自我"变大了，自在就少了。

那些自我意识特强的人，特别是女人，是最容易被伤害的，你去听她们的委屈和抱怨，肯定经常是"他为什么和我较劲""他怎么总是误会我"，都离不开一个"我"字，也就是说，抱怨、不痛快都是因为"自我"的存在而存在的。

所以，"自我"就像一个容器，里面装着工资、地位、虚荣等东西。所以，一个人如果忘我了，就不会觉得不愉快，不会觉得被辜负，因为装这些欲求的"容器"——"自我"没了，其他的烦恼也就没了立锥之地。

很多有钱人虽然家财万贯但并不觉得幸福，心理医生就建议他们去做慈善。在做慈善的过程中，首先，他们见识到了远比他们不幸的人，就像现在很多干部培训，要去3个地方，一个是医院，一个是监狱，一个是殡仪馆。去医院看那些躺在床上的病人，会庆幸自己还健康着；去监狱看到被管制的犯人，会珍惜自己的自由，不做犯法的事；去殡仪馆看到去世的人，会为自己还活着高兴。这些不幸就是生活的"对照组"，提醒你要知足，要控制自己的欲望，不要把"自

我"放得太大。

其次，在做慈善的过程中，在帮助不幸的人的过程中，你会被人感谢、被人敬慕，这会让你变得更投入，情感因此寄托于此，至少在这个过程中，忘掉了自己的不愉快。因为在帮助他人的过程中，你忘我了。所以社会学上有句话叫"赠人玫瑰，手留余香"，就是在你帮助别人的时候，帮人家张罗的时候，你那个总是提示你不愉快的"自我"消失了，那些"寄生"在这个"自我"中的不舒服、不愉快也随之消失了……所以，慈善的爱既是利他的，更是利己的。

你可以不去做慈善，但也可以对自己慈善一点，具体说就是别太娇惯"自我"。可能确实有和你较劲的人，有特别挑剔的上司，特别是女人之间，这种人你改变不了，你也不可能一遇到这种人就换环境、换工作，最好的办法，也是唯一的办法就是从"自我"做起，不要过分强调自我。特别是一贯顺利的，被人捧惯了的女孩子，最经不起非议和误会了，很多人因此生病，就是老话说的"从气上得的"。就是因为她们觉得自己受到了伤害，咽不下这口气，这种状态很快就会从心理发展到身体。你想想，一个一天到晚不开心、愁眉苦脸的人，怎么可能有健康的气色、年轻的皮肤？

可是话又说回来了，凭什么你就咽不下这口气？你又不是皇帝的女儿，你没理由要求身边的人全都以你最喜欢的方式对待你！你的那个不能碰的"自我"完全是自己虚拟出来的，有的是比你水平高、能力强，境遇倒不如你的人呢。

著名作家史铁生写过一句话："刚坐上轮椅时，我老想，不能直立行走岂非把人的特点丢了？便觉天昏地暗。等到又生出褥疮，一连数日只能歪七扭八地躺着，才看见端坐的日子其实多么晴朗……终于醒悟：其实每时每刻我们都是幸运的，因为任何灾难的前面都可能再加一个'更'字。"

是的，其实每个灾难、每次不顺利的前面，原本还有个"更"字呢！原本你该遇到的是个更加不通情达理的上司、同事，原本你供职的机构比现在还要差……想想这些，你就能心怀侥幸，知道感恩、知足了。

所以，你要想幸福，想不烦心，就先要放下身段，缩小甚至打碎"自我"，打碎"自我"就是打碎一个盛了烦恼、伤痛的"容器"。

⊙感情孤注一掷，伤害在劫难逃

女人的另一个问题是很容易成为情绪的奴隶，从心理学上说，这种人是把情绪寄托在一件事情上或者一个人身上。对女人来说最常见的就是感情，就是爱情的奴隶。有个投资经验是"别把所有鸡蛋都放在一个篮子里"，就是说别把你的所有挣钱的希望和本钱孤注一掷，要分开来处理，情绪也一样，要有爱情，还要有爱情之外你自己的事，这样的女人才不会是傻女人。

这样说不是要求女人理智地面对爱情，因为即便这么要求，大多数女人也做不到，爱情真的来了，自己爱的人就在面前了，再冷静的女人也只剩下感性了。我要说的是，女人一定要有自己的事业，可以是很成功的事业，也可以是很普通的职业，甚至没有特别体面的职业，但你有你的爱好、朋友，这样才可能避免你将自己的感情孤注一掷。这不是说不能感情专注，而是说你爱的时候，寄托感情的时候要能够保持自立、独立，有其他的寄托，有可以分神的地方，才能使对方轻松，也使你不成为"感情的奴隶"，这一点很多女孩子做不到，所以不仅她爱的人感到累，她自己的爱情之伤一受就很深。

萨特说过一句话我觉得很有借鉴意义："我爱你与你无关。"意思是"我爱你，与你爱不爱我无关"。为什么这么说？是因为爱一个人的时候要有爱的能力，能欣赏对方，但不依附于对方，具体说就是：能跟你在一起的时候我会很高兴；如果你不爱我了，我也不会寻死觅活，我还会尊重你，以爱的眼光注视你。

我有一个闺密，始终对过去的一个同学"单相思"，但是她始终也没对对方表达过什么，只在他有一年生日的时候，没署名地寄去过一本茨威格的《陌生女子的来信》。那本书就是写一个女孩子，从小到大都暗恋住在自己隔壁的男人，后来她成为风尘女子和那个男人有了一个孩子。但是，直到她生了重病，临终前才写了一封信，把自己的感情告诉对方……她知道自己不可能和他有姻缘，但是这都不妨碍她爱他，因为那是她自己的事，与对方能不能爱自己无关。

能做到这样的人不多，一般都是很大气的、能成大事的女人，她们没为自己的感情而失去自我。不是爱掌握着我，而是我掌握着爱，反之就成了奴隶，可以是你爱的那个男人的奴隶，也可以是你孩子的奴隶。

我有个同事，全部感情寄托在儿子身上，十分爱儿子。她虽然是大学毕业，但因为儿子几乎变成了家庭妇女。儿子被惯得厉害。后来上了大学，反倒最看不起爱他最深的妈妈，他觉得妈妈没出息，就会张罗家里的事，和社会脱轨了，没法交流……

有一句名言，"如果你不去掌握命运，命运就会被别人来掌握"，放在这里也很适用，"如果你不掌握感情，感情就会被别人掌握"。再通俗一点说，谈恋爱有个经验之谈，叫"你追求，你失去；你放弃，你拥有"。这句话很适合沉溺于爱情，而且经常觉得对方辜负自己，并为此纠结的女人。这也是一种爱情策略：你总是上赶着追，对方反倒会不在意你、不珍惜你，甚至会轻慢你；相反地，你哪天绷住了，几天不理他，不主动给他打电话，他约会的时候你也拒绝拒绝，很快，他就反过来了，开始在意你，甚至珍惜你……这个办法看起来像是爱情策略，事实上也是心理治疗，因为在你放弃他的时候，你这个"感情奴隶"已经开始翻身了。

⊙放不下旧的，就拿不起新的

一位著名心理学者讲过一个故事。上帝对3个年轻人说："你们每人到树林里采一朵花，但要是最美丽的花朵。"他们3个人选了自认为是最美丽的花朵拿来了，但是拿到上帝跟前之后，花枯萎了。上帝告诉他们："生活就是这样，要随走随欣赏，你不要占有它，你曾经欣赏它就可以了，而不是要拥有它死攥着。"

我有一个朋友就是这样的。她在电视台工作，很辛苦地做了一个栏目，为这个节目她倾注了大量的心血，而且做得很出色，但是，做到第

六年的时候，这个节目被领导无端地拿走了，交给了另一个人负责。她特别难受，感觉像是自己的孩子被抱走了，情绪很低落。

其实，这样的事情在现实中比比皆是，任何一个单位都没有绝对的公平可言，很多领导也不是因为德才兼备才成为领导的，他们的决定更不代表真理。明白了这一点，只要遇到了就要尽量适应，但是拿什么适应？首先要有"拿得起，放得下"的心理，其次要有自救本事。我的这个朋友把这个节目当做自己的孩子了，虽然以她的能力能"拿得起"，但感情太专注了，所以放下就难了，这是她遇到的第一个问题。

事实上，没有什么东西能被当成你自己的孩子，即使是自己的孩子，你对他的爱也是为了让他离开自己，培养孩子不是为了养儿防老，拴到家里干活、陪你。你看看，真正有出息的孩子可能是离你最远的孩子，他出国、留学或者在哪个单位担任重任，根本没时间在你身边。

这个节目也一样，做出来是为了给观众看的，而不是为了证明你干过这件事，而且干得很好，要等待喝彩，那心态不对。如果你一直在成长，一直有新东西，即使领导不拿走你这个节目，你可能自己都主动张罗着去找新事情做了，那个你曾经视为孩子的栏目已经拴不住你了。

一个成熟的人就像一棵大树，有非常茂盛的树叶，砍掉一根树枝也能活。所以，在金融危机的时候，"复合型人才"最走俏。比如医生，今天可能写书做科普，没机会做科普了人家可以看病、做手术，不做手术了还有课题研究，之后还可以讲课呢，什么都不让他干的话，他依然还可以开一家诊所，因为他是一个"复合型人才"。

如果你干了这么多年，别人一把将你做的事情拿走，你就不能活命了，说明你这个人还不够成熟，之前你的成功只是偶然、侥幸。明白了这一点，你在不痛快的时候就不会把全部责任推给拿走你栏目的人，而是会意识到，还是自己不够强大，唯一的办法是提高自己、长更大的本事。有句话说得很对，"大雁如果想不被暗箭射中，唯一的办法就是飞得更高"。想通了这一点，你就不会把职业中的不痛快归结到单纯的人际关系上，反而会觉得急需提高自己，而且时间紧迫，你甚至会觉得花在烦心上的时间都是浪费，这样一来，你就能心情疏朗地、很快地投入一件新的事情了。

"毁容伤身"的虚、郁、瘀、寒

女人都想容颜如花，是花首先就需要有根基，这个根基就是身体的健康，具体说就是气血的充盛。说到气，首先是气不能虚，也不能郁；说到血，则是血不能瘀，也不能寒。虚、郁、瘀、寒，凡此四种失常，就是影响女人身体乃至容颜的关键。因此，女人的健康美丽需要以补气、解郁、化瘀、祛寒为前提。

⊙你不是老了，你是虚了

《黄帝内经》：寒湿之中人，皮肤不收。

《黄帝内经》：血脱者，色白，夭然不泽。

金·刘完素：血实气虚则肥，气实血虚则瘦。

女人变老，一般先从面部皮肤的不紧致开始，这是我在看某位女演员出席颁奖礼时感受到的。

娱乐圈的明星有的会去打"肉毒素"来"稳固"青春。的确，"肉毒素"是个好东西，这是正规整形医生给出的评价，它是通过麻痹局部的神经，使之不再去指使肌肉"绽放"出能暴露年龄的皱纹。如果医生是个高手，选点准确，确实可以造就出一张没有皱纹的、平滑的脸，而且这种效果可以持续半年。但这种方法对容易使女人显老的浮肿却不起作用，因为后者的起因不是皮肤本身，而是女人的代谢出了问题。

她们不再像年轻时那么火力壮、阳气旺、"激情燃烧"，那些因此代谢不出去的废物，留在脸上就是浮肿，留在身上就是肥胖、臃肿。这种代谢废物在中医里经常属于寒湿，它们是导致臃肿的罪魁，所谓"寒湿之中人，皮肤不收"，就是皮肤不紧致了。所以，女人无论是想面容紧致，还是想身材苗条，绝对不是靠化妆品抹出来的，也不是吃泻药能减下去的，恰恰与其相反，要补！要把衰弱的代谢能力补上去！具体到中医就是补气、补阳。

其实，这个观点从《黄帝内经》开始就已经提出，到明代的名医张景岳更是直截了当："肥人多气虚。"具体到西医，就是将有低下趋势的甲状腺功能，提高到年轻时的水平，由此才可能保证营养物质的充分吸收和利用，以及代谢废物的及时清除。遗憾的是，更多的女人总是将苗条的希望寄托在泻药上，殊不知，那种痛快淋漓的感觉，无益于虚胖人特有的"注水肉"，后者只能靠能量代谢的增加消耗出去。

气虚是女人最常见的，很多女人先天就是这个体质，所谓"弱女子"，弱就弱在功能低下、体力不支。这种情形表现在身体上就是最常见的"手无缚鸡之力"、"弱不禁风"，如此"可人"之相如果延续下去，到了一定年龄，容貌就会出问题。

中医里有气、血、阴、阳之分，其中的"气"，就是功能，"阳"则包括能量，"气虚"和"阳虚"经常"狼狈为奸"，从功能低下逐渐发展到能量不足。它们能给美容带来的直接影响就是：皮肤不紧致，身材不苗条，面色不光润……这些看似随年龄增长而出现的问题，未必都是正常的岁月痕迹，很多人在三十几岁就出现了，那不是幸福满足带出的富态，而是因"气虚"、"阳虚"提前而导致的衰老。

金元时期的名医刘完素，提到治疗妇科疾病，解决妇科问题时给出了几个总纲："妇人童幼天癸未行之际，皆属少阴；天癸既行，皆属厥阴论之；天癸已绝，乃属太阴经也。"意思是，女性绝经期出现的问题，要责之脾，往往是脾气虚导致。

"天癸"就是女人的月经，之所以绝，无非是人老了，脾气虚到了无法提供化生气血的物质，这个"绝"也是人体的一种自我保护机制。

人体是很有"自知之明"的，它知道随衰老的到来，再没了年轻时的生存能力，能生血的脾气也今非昔比。因此，身体里的精华要节省着使用，所以女人在绝经之前，月经的量和带经天数都是逐渐减少的，那就是身体在保存有生力量，减少消耗的意思。

把这个理论反过来一想，就能给惧怕早衰到来，想永葆青春的女人一个提示：既然脾虚和女人的衰老脱不开干系，那么，补足脾气显然是保证气血供应、容颜不老的关键了！逐渐松弛的皮肤，不再紧致的脸庞，慢慢发胖的身体其实都是虚在作怪，它们赶在真正的衰老之前开始动手了。

和浮肿、肥胖看似方向迥异的皱纹和消瘦，其实也是因虚而致，只是后者不是"气虚"、"阳虚"，是"阴虚"、"血虚"。

与"阳"和"气"是指能量和功能不同，中医讲的"阴精"、"阴血"，指的是构成身体的物质基础，有形物质，透支性的消耗直接导致它们的缺失，脸上的皱纹和身体的消瘦归根结底都是少了脂肪和蛋白质，而这些，是保住"女人味"的基础物质。

一个史诗感的电影里，一般都有一个有神性的女人。这个女人一定要适度的丰满，因为女人的神性说到底要首先具备繁育能力，太瘦的，脂肪含量小于20%的女人就会失去这个能力，同时显现的是她们的单薄和枯萎，《黄帝内经》中所谓"夭然不泽"就是对骨感女人气色的形容，肯定是毫无光泽的。

所以，一个健康的、美丽的女人不能太瘦，太瘦就要进补，要补血、补阴，非"六味地黄丸"、"人参归脾丸"等经典莫属，因为这些有着百年历史的药物是最正宗的滋阴补血之品，至于增肥、美白等驻颜功效，不过是其"本职工作"的意外收获，它们填充的皱纹和消瘦，是阴血亏空在容貌和身体上的证据。

⊙你不需要化妆，你需要化瘀

我出去讲课的时候，总有女孩子拉着我问："消除黑眼圈有什么好办法？"她们会告诉我，为了去除黑眼圈，她们用了很多高档的化妆品，也做过"光子嫩肤"，但是始终于事无补。每当此时，我都会下意识地打量一下对方，因为在我大学毕业做妇科实习生的时候，我的老师让我注意观察过那些经常做流产的女孩子，她们的眼圈经常是黑的。以老师的经验，女人眼周的色素沉着，很多时候是子宫里有瘀血的指证。这个现象在那些没做过流产手术人的身上也得到了验证：她们在月经期间的眼周，也会比平时发黑，因为子宫内膜的脱落也是一种损伤。所以，我只能告诉这些用遍粉底也遮掩不住"熊猫眼"的女人们，她们不能靠化妆，而是去化瘀，要从身体入手，只有子宫或者说盆腔的瘀血消失之后，黑眼圈才会逐渐消失。

和"黑眼圈"的病理同出一辙的是更加常见的痛经，乃至逐渐发展成的不孕，还有严重影响生活质量的"神经性头痛"，这些都是女人的常见病，都是女人最容易出现瘀血所致。女人瘀血或者因为虚，或者因为寒。

虚与寒是造成瘀血的主要原因，因为"气为血之帅"，血是相对静态的，需要气去推动，气虚了血液运行无力就要瘀滞。也因为血的静态，所以还有"遇寒则凝"的特性，寒可以减慢血液的流速，逐渐成瘀。虚和寒是女人生活中最难避免的问题，所以才有"十女九瘀"的说法，可见血瘀问题在女性中的高发。

也因此，女人总比男人有更多疼痛问题，如南宋名医陈自明所言："瘀血留滞作痛，惟妇人有之。"比如痛经，比如神经性头痛。要注意，"痛"字下面是个"甬道"的"甬"，这就意味着，只要"甬道"不通了，疼痛就要发生，这在中医里就是"不通则痛"。这个"甬道"可以是血脉，可以是经络，可以是所有只有保持通畅功能才会正常的结构，即便你未必能肉眼得见，中医讲究都要"以通为顺"。

所以，治疗女人常见的疼痛乃至病症，要疏通。疏通就是化瘀，这就离不开调经，因为月经是女人清除瘀血的唯一途径。保持月经的正常，也是治疗女人各种疾病的前提，包括美容驻颜，也要从调经开始，调经也是化瘀。

我有一个朋友，45岁，有一次检查怀疑有子宫肿瘤的征象，医生就和她商量，是切除了呢还是继续观察？一开始她不接受切除，觉得切了子宫自己还是女人吗？医生就给她讲，子宫只是个孕育胎儿的容器，决定你是不是女人，有没有"女人味儿"的不是子宫，而是卵巢，卵巢才有分泌各种女性激素的能力。她听了之后想，既然子宫没有分泌激素的功能，显然重要性就不那么大，而且自己的孩子也大了，更不可能再生育，45岁以后就是女人的"多事之秋"，各种妇科癌症就开始找上门了，即便现在瘤子是良性还是恶性还没确定，但也索性切了子宫算了，以后也就彻底少了麻烦。

手术很顺利地做了，手术中发现那个肿瘤是良性的，但医生还是依照术前和她商量的结果，把子宫这个已经完成了历史使命、可能产生后患的器官切了。结果，术后没多久，她突然浑身长了瘤子似的东西，就在皮肤下面，疙疙瘩瘩的，如毁容一般难看。虽然做了检查确定不是恶性的，但西医也找不出原因，觉得可能是手术之后的功能失调，就让她去找中医调理。

到了中医那儿一辨证，发现这种疙瘩属于典型的"痰凝血瘀"。这是中医的名词，通俗地说就是代谢紊乱，代谢物没有及时排出去导致的，治疗这种问题，中医是要"消痰化瘀"的，而将月经调理通顺就是化瘀的重要甚至唯一的通路。

很遗憾，她的子宫全切了，瘀血没有可以排出的通路了，再高明的医生也无法将这些血瘀造成的瘤子、疙瘩消除……这时候她才意识到，自己为清除后患而积极切掉了子宫，等于切掉了身体的一条通路，治疗少了下手之地。

由此可见，保持女性月经通畅、规律的重要性，绝对不是仅仅保证了生育能力，而是女性身体的各项功能发挥正常的前提或者基础，其中就包括大家最关心的肤质及其他容颜问题。

⊙你不能只淡斑，你还要更淡定

《陈素庵妇科补解》：妇人多气，因其深居闺帷，每每情志郁结。

《女科经纶》：凡妇人之病，多是气血郁结，故治以开郁理气为主，郁开气行，而月候自调，诸病自瘥。

清·费伯雄《孟河费伯雄先生医案》：女子以肝为先天。

我有个同事，三十多岁，没结婚，是个孝顺女。去年她父亲得了癌症，她一直在病床前伺候，直到父亲离世。陪着父亲走过人生中最痛苦的时刻，是这个女人迄今为止经历过的最沉重的事。那之后我见到她时，发现她变样了，虽然人没瘦，但脸上长了很多黄褐斑，她找到我就是想祛斑。因为在老人眼里，这种斑只在怀孕时候才长，她还"待字闺中"呢，为什么会长斑？我告诉她就是因为郁，父亲的去世让她悲伤、压抑，肝气因此郁结了，脸上的黄褐斑也是她伤心的证据、孝顺的代价，不是能用化妆品粉饰掉的事，必须疏肝解郁。

之所以黄褐斑曾经被认为是"妊娠斑"，甚至借此质疑长斑女人的操守，是因为在过去，没有这么多生活压力和情感诱惑，不过是"深居闺帷，每每情志郁结"。对当时的女人来说，身体激素波动最大的莫过于怀孕时，那是她们长斑的唯一时机。现在不同了，即便是"剩女"，即便独身到底，她们接受到的外界刺激已经今非昔比，每个都足以调遣体内的激素，产生过往孕妇才有的激素峰谷差距，这种跌宕让女人长斑是自然不过的事。不独此，梅核气、乳腺增生、子宫肌瘤，这一系列问题都是同一棵树上的果子，很多人是这一系列疾病的共同罹患者，哪个病都没躲过去。无他，都是因为她肝郁了，而这还不是最严重的，最严重的是癌症，得癌症的女人，特别是乳腺癌，很少没有"肝气郁"的历史。

　　我认识一个乳腺癌的专家，每次他看病的时候，问病人的第一句话都是先问："你离婚了吗？"因为在他看过的病人中，婚姻不幸、爱情失意是这种病的重要诱因，用中医辨证的话，她们很长时间都处在"肝气郁结"之中。

　　绝对不能小看被中医频繁提到的"肝气郁"，虽然它和身体的其他硬性指标比起来偏软，却是诸多疾病的起因，所谓"百病皆生于气"就是这个原理，特别是对女人。清代名医虞抟的《医学正传》中对乳腺癌已经有了"乳岩"的记载："多生于忧郁积愤中年妇女"。按照肿瘤医生的经验，乳腺癌接受治疗之后，如果病人仍旧处于"肝气郁"的状态中，她的癌症复发转移的机会就要大，因为肝郁者的雌激素分泌会异常增加，这恰恰是乳腺癌的大忌……由此也能看出一个联系，只要心里不静，杂念纷繁，就可以掀起体内激素的轩然大波，在这个背景下，黄褐斑还算是小问题。所以古人才有此经验："凡妇人之病，多是气血郁结，故治以开郁理气为主，郁开气行，而月候自调，诸病自瘥。"

　　有句话说，"男人懂得人生的哲学，而女人懂得人生"。懂哲学的男人往往是超脱的、务虚的，纸上谈兵，他们不真正过日子；懂人生的女人是入世的、务实的，她们打点每天的柴米油盐、人情世故，琐碎而多事，这就使她们比男人敏感、多虑，这些心理、情绪上的变动，也多了生在气上的疾病。

　　《名医类案》对因为情绪不畅引发的疾病做过统计，发现其中情志引起的疾病中，女人是男人的2.3倍，而且，就情绪的分类来讲，男性多是伤于劳心和苦思，就是动脑子，冥思苦想；女人多伤于悲伤和忧虑，属于纯粹的情绪问题，后两者都是由中医所说的"肝"所主，纠缠久了就是"肝气郁"，所以中医治疗女性疾病有"中年责之肝"的理论。所谓中年，是青年之后、更年期之前的那一段女人最长的、最精彩也是重要的人生，要处理的事情更繁杂，压力更大，所以更有机会肝郁。

我们经常见到智力有问题的人，虽然不明人事，但身体很好，"白胖白胖"是常态。胖是因为心宽，白是因为肝气不郁，他们已经没有和现实较劲的能力和心思，也因此得以饶过自己。就凭这一点，他们的身体和皮肤都是心事重重者所不及的。

所以，淡斑很重要，但淡定更重要，只有心情舒缓、性情平静，才能畅快无郁。所有淡斑的药物，无非是通过抑制黑色素形成，或者通过换肤祛除已经形成的黑色素，但只要肝郁这个根本问题没去掉，女人一如既往地保持着忧伤、多虑，还是会"后继有斑"的。

⊙你不是缺保养，你是缺保温

汉·张仲景《金匮要略》："妇人之病，因虚，积冷，结气。久则羸瘦，脉虚多寒。"

女人去看中医，总会被告知要保温防寒，特别是时髦女孩子，她们的"露脐装"、"露背装"是最令老中医恼火的，医生对此的反感程度不亚于认真地给你开好了药，你却根本没按时吃。寒是女人诸多疾病的诱因和症结，特别是腰以下部位，一旦受凉，后患无穷。

但是，这种观念很难被爱美的女孩子接受，她们可以举出相反的例子：日本、韩国都比我们这里冷，那里的女孩子却穿得比我们还单薄呀？这是典型的东施效颦！

先说日本。日本的富士山是活火山，日本的地气因此很热，所以日本人喜欢吃生鱼，就是以其寒凉之性覆盖脚下的蒸蒸热气。但在中国，我们延续至今，普及最广泛的是"火锅"，在南方叫"边炉"，这种红火、温热的进餐方式之所以得以传承，无非是因为国人的体质之需，我们没有热的地气可以指望，也没有温热的体质可以御寒，所以才用"火锅"的温热作为补救之一。

再说韩国。传统的韩屋是地热取暖，看韩剧能知道，他们回家后席地而坐，直接感受热气，这一点就足以把刚进入体内的寒气驱散，也非中国女孩子可比。更重要的是，这些"要单儿"的异国时髦女，是会自己偷偷地保养的。我的同学在日本开针灸诊所，她很早就发现，那些看似美丽抗寒的日本女孩子，都会在肚子上贴个小膏药，暗自温暖自己，这个方法在中国是最近才有的，虽然"敷脐"疗法是国粹，但中国女孩子一直很实在地"美丽冻人"着。

因此，出现在女人身体、皮肤上的问题大多和受寒脱不了干系，只是这一点并不为人知。相比来说，她们更熟悉也更能理解的是"排毒"、"去火"，也容易将诸多问题归结为"火大"、"毒没排出去"，比如习惯性便秘、复发性口腔溃疡。事实上，真由实火而致的问题会有明显的诱因，而且一般都在近期，比如一顿痛快淋漓的"麻辣香锅"、"水煮鱼"之后迅即出现的口疮、便秘才是实热所致。但凡"习惯的"、"复发的"都属于慢性过程，中医讲"久病必虚，久病无实"，意思是，只要是慢性的、反复发作的，都不是"上火"所致，缠绵的病情拖成久病时，火力已耗竭殆尽，人已经很虚，此时如果再一味"去火"、"排毒"，只能再次克伐身体的阳气，使虚寒加剧……很多女人由此进入恶性循环，因受寒而起，又以虚寒告终，而这是女人身体和容貌受损的常事。

因为女人是靠血养的，只有血行顺畅、充盈，无论身体还是容颜才会有营养来源，而血有"得热则行，遇寒则凝"的特性，忽略了受寒这个因素，就等于人为地阻碍了气血的运行，在这个大环境中，无论你再怎么吃补血的阿胶、当归，也不可能有如花美貌，这些补养上品会积滞在体内，无法到达用武之地。因此，对女人来说，保温就是一种最重要的保养，而且是诸多保养办法起效的先决条件。

第二章
女人·脸

脸要穷养·身要娇养

　　无论是长斑点、起皱纹、皮肤下垂，还是气色不好、脸面浮肿，都有身体内因作祟。中医讲，"有诸内，必形诸外"。斑点就是气郁、血瘀、肾虚的身体异常表现在了脸上；皱纹是皮肤缺水，也是身体不会用水；下垂是气虚不足以上盈，导致作为皮肤支架的蛋白质合成失调；胖肿是阳气不足，不能运化掉的水湿停滞在了皮肤中，用西医的话说是甲状腺功能下降，代谢缓慢……凡此种种，怎么能仅靠外用的化妆品来解决呢？

美白：皮肤可以被晒黑，也可以被吃黑

皮肤白皙是中国人审美的关键标准，所谓"一白遮千丑"，白是美的前提。为此，古代医籍里对具有美白作用的药物作了记载。但是，诸如"令人白"这样的评价一般都会与"令人肥健"联系在一起，具备这种功能的有山药、黄精、茯苓、天冬、麦冬……之所以有如此联系，是因为古人已经认识到，面色的白皙是要以身体的气血不亏空为前提的，具备这样功能的药物一般都是可以补肾、补肝血的。可惜的是，现代人功利心太强，总想通过抹在脸上的化妆品迅速吸收，来达到美白的目的，而这，几乎是梦想。

⊙能迅速美白的一般都是毒药

现在的医院，不是没有美白的外用药物，只是这种药物有毒。这种药物叫"氢醌"，在医院的皮肤科有时也会用到，一般只是为解燃眉之急，配合内服的药物发挥作用，所以是个处方药。也就是说，它的使用范围、使用浓度是需要医生把握的，如果用得不当，比如浓度过高或时间过长，美白效果一扩大，脸上会因此产生白斑，而这种白斑是很难逆转的，会长久遗留在脸上，变美容为毁容。因此，国家对化妆品检测发现的问题，很多是因为偷偷地添加了"氢醌"，这绝对是一种饮鸩止渴的美白方式。

"氢醌"之所以能美白，是因为它作用在皮肤细胞里的酪氨酸酶。酪氨酸经过酪氨酸酶的激活作用，一步一步氧化最后变成皮肤上的黑色素。用了"氢醌"，等于抑制了这个反应中的酶的活性，使酪氨酸不能变成黑色素，黑色素逐渐地就会淡掉了，皮肤也就白了。因为这个美白效果是借助"氢醌"终止皮肤色素的"变黑"反应的，所以，就算冒险用了，起效的时间也可能是3个月乃至半年。但是，这个药停用以后，如果病因还没有去除的话，比如还是继续被晒，或者内分泌调节还是有问题，病人还处于肝郁、脾虚、肾虚等状态中，酪氨酸酶还会把酪氨酸继续转化为黑色素颗粒，慢慢地还会再出黑斑。所以，即便是这种饮鸩止渴的冒险办法，也并非一劳永逸。

有的人体质先天就是酪氨酸酶的活性偏高，别人的细胞能转化10个黑色素，她能转为20个，所以就比其他人容易长斑。这一部分内容，我们在"祛斑"的那个章节中会详细讲到。至于外因的防护，自然就是防晒了。如果指望"氢醌"，就要控制好浓度。因为只要浓度没控制好，细胞生成黑色素的功能都会被氢醌抑制，这时候就不是黑斑的问题，而是要出现白斑了。

⊙换肤也是一种美白办法

相比来说，果酸虽然不是彻底根治色斑的办法，但比"氢醌"还是安全的，现在高级一点的化妆品中都有果酸。

皮肤细胞产生黑色颗粒是人体自我的一道防线，主要防御的是紫外线的伤害。黑色颗粒进入皮肤的角质细胞之后，形成一个帽子一样的结构，保护性地在细胞里进行蓄积。随着皮肤角质的脱落，黑色素也就丢失了。如果角质层脱落减缓了，黑色颗粒就会一直堆积变多，黑斑就变得明显，皮肤就显得黑。之所以用果酸，就是为了实现浅层换肤的目的，使带有黑色素的角质层剥脱，人的黑斑随之减少，皮肤也就变白了，这种换肤是相对安全的一种美白。

虽然这种换肤能带来美白效果，但频率很重要。换肤一般分浅层换肤、中层换肤，还有深层换肤，换得越浅对皮肤的损伤越小，作用也最弱，使用的频率也可以增加一些。比如在医院，治疗色斑性的疾病或者粉刺痤疮，这样的换肤可以两周做一次；如果你只是在化妆品里面加一点点果酸，就可以天天使用这种产品了。

需要给大家提示的是，即便是比较深的换肤，疗效的显现也需要时间。因为含有黑色素的细胞重新产生，到它到达皮肤的最表层，再到脱落的时间，一般是28天。而我们所期待的美白效果的出现，其实就要等这样的细胞脱落，这自然需要等一个月左右的时间，这是一个固定的细胞生长周期，不是能人为加快或提前的。

现在很时兴"草本美白"，就是用植物的叶子、果实美容、美白，这在实验室倒是被证明了一些。比如我们看化妆品的产品说明书上，会标一种叫"熊果苷"的物质，"熊果苷"在化学结构和性质上来讲和"氢醌"是很相似的，但是它是从杜鹃花的叶子中提取出来的，刺激性比较小，使用起来安全得多。还有甘草提取物、绿茶提取物、芦荟提取物、石榴皮提取物、桑树提取物等现在被用在化妆品中，也是这个原理。

　　但是，这并不意味着把这些植物叶子、药渣子混在一起往脸上一敷就能美白了，自己的"土法上马"未必有效。因为皮肤的功能首先是屏障，而不是吸收，皮肤只是有选择地吸收，所以敷面的东西要看它的化学性质是不是可以透过皮肤被吸收。

　　即便是可以透过皮肤的物质，能否被有效吸收和浓度也有关系，浓度高的吸收得才充裕。中药面膜也好，自己做的植物、水果捣碎了敷面的面膜也好，都有一个特点，就是成分特别复杂，可能包含了各种营养物质，大家购买的时候也会选择营养物质丰富的。但是，这就有一个问题，营养虽然丰富，但每种敷在脸上的成分，浓度却可能很低，每种都有，但每种浓度都不足。这就有可能无法渗透进去，自然达不到敷面时的预期效果。我们购买的专业护肤品之所以能吸收，是因为人们把有用的东西提取出来，不仅改变了它的化学性状，还增加了它的浓度，才能吸收进去达到美白的效果。

⊙能把你吃白、吃黑的食物

　　我上大学的时候，有个比我大的学姐，长得很漂亮，皮肤也很白，但就是有严重的黄褐斑，那时候她30岁。后来我发现，她每隔一段时间就去一次医院，连续去几次，回来之后人就显得精神了，仔细看才发现，脸上的黄褐斑也变淡了。追问之下才知道，她是去医院打点滴，直接静脉注入维生素C了！原来是维生素C帮她美

白了。

因为维生素C本身是一个很强的还原剂，而皮肤细胞里黑色素形成的时候是一个氧化反应，黑色素是细胞被氧化的产物，用了维生素C，等于把黑色颗粒还原了，让它颜色变浅，所以维生素C才是一个最靠谱的美白药物。只是它的美白过程比较缓慢，因为需要等待它完成这个还原反应，所以不可能今天吃了，明天就变白。

在现在大医院的皮肤科，维生素C也时常用来美白，医生对此的推荐剂量是一天1克以上。我们在药店里买的维生素C，每片是0.1克，所以至少要吃10片才能起到美白效果。有的时候，医生也会根据病人的情况，选择进行静脉注射，那样的话，一天是2~3克，这个时间也要是长期的，要3个星期以上，或者2个月、3个月乃至更长才能对色斑起效。

但是，这样长期使用大量维生素C，是不能突然停掉的。因为在注射的过程中，你的身体已经非常依赖它了。维生素C还有一个名字叫"抗坏血酸"，如果缺少的话，可能会出现坏血症，容易出血。所以，在停用的时候不能骤停，而要慢慢减少，从最初静脉治疗，逐渐地减到口服，这样维持一两个星期，最终每天吃0.2克，使身体有个适应的过程。

很多年轻时很瘦、皮肤很黑的女孩子，生了孩子之后变得丰满白皙了。之所以有如此效果，是因为怀孕和生育之后，除了激素水平的变化，女性有了一个特殊的机会调养和休息，饮食和睡眠都得到了保证，以前虚弱的气血正好抓住这个机会得以补充，逐渐显现出成熟的女人韵味。可见，要想美白，除了防晒之类的表面功夫之外，气血的充盈能保证皮肤的"基础色"，在这个基础上，多吃含有维生素C的水果、蔬菜也是个必需的"功课"。

巧补维生素C

在水果中，维生素C含量最高的是鲜枣、猕猴桃、橘子；蔬菜中是辣椒和绿叶蔬菜。最有效的食用这些食物的方法是生吃，而且不要榨汁，因为维生素C特别容易在加工、加热后失效。想保持维生素C的作用，凉拌菜最好，也可以做水果沙拉，把含维生素C丰富的蔬菜或水果拌在一起，保证每天吃一次，长此以往，就是最健康的维生素C补充办法，比等到因为维生素C缺乏引起色斑后去注射，要更加自然。

除了维生素C，还有一种可以抑制黑色素形成的物质就是维生素E。过去很长一段时间里，北京的时髦女人都喜欢去医院开一种"维生素EC合剂"的保健品，这个药味道很好，酸酸甜甜的，清晨起来之后吃一袋，很容易被人们接受，还能保持皮肤的白皙。这个办法确实有道理，因为维生素E也具有抑制氧化的作用，可以和维生素C一起，减少黑色素这种氧化产物的生成，皮肤自然变白了。

但是需要注意的是，一般情况下，中国人的维生素E是不缺乏的，因为中国人吃植物油的量是全世界最高的，维生素E的摄取比西方高很多。如果说要补充的话，一般每天补充10毫克就可以达到延缓衰老、淡化色斑、使皮肤白皙的目的。但一般不超过100毫克，否则不利于健康。一般情况下，市面上卖的维生素EC合剂的含量是维生素E 100毫克，维生素C 200毫克，一般一天一袋的量就足够了。

事实上，食物中的坚果都是富含维生素E的，坚果含的是植物油脂、植物脂肪。人体是需要一定量的脂肪的，脂肪能帮助脂溶性维生素的吸收。但从美容护肤的角度上看，动物脂肪如果吃得过多，会加重皮脂的溢出，使皮肤变得粗糙，加速皮肤老化，而植物脂肪却没有这个问题，它可以使皮肤柔嫩。所以，只要条件允许，最好养成每天吃坚果的习惯，方法也简单，每天早餐时，可以吃一把榛子、杏仁或者两个核桃。我接触过很多营养学专家，他们的早餐都很丰富，一般是一杯牛奶、两片面包加一个鸡蛋或者是一片酱牛肉，里面还放了生菜或者西红柿之类的蔬菜，最后还有一把坚果，因为只有这样，才是一顿最合理、健康的早餐，也是一个能美容的早餐。

既然皮肤的黑斑和黑色素的沉积有关，而黑色素的形成是要靠酪氨酸供应的，也就是说，如果你想美白，富含酪氨酸的食物就要少吃了。到目前为止，被营养专家确认的能使人变黑的食物有土豆和红薯，还有甲壳类的生物，比如蛤蜊、螃蟹、河螺、牡蛎等水产品。住在海边的人皮肤较黑，不仅是因为日晒，还有水产品吃得多的缘故。但并不是说只要吃了土豆就会变黑，首先是量的问题，只要不是长期大量地吃一般问题不大。还有就是你的体质问题，如果你的酪氨酸酶的转化能力超强，你可能就是个容易长斑的人，这个时候就得注意了。很多人很喜欢吃土豆，可皮肤仍旧很白，可能因为他们的酪氨酸酶没那么大"本事"，身处丰富的酪氨酸环境中仍能"置之不理"。如果你是前者的体质，却偏不服后者的皮肤，拿人家的白净说事，就有点"东施效颦"了。

⊙想美白，室内也得防晒

对皮肤的保养来说，防晒是值得做而且一定要做的功课，做了可能不会马上显效，但不做却可以马上给你点"颜色"看看。防晒不只是室外，也不只是夏天，而是一年四季都得做，或者几乎可以说，只要你在白天活动，防晒就是必需的，包括你在办公室里工作，特别是座位在窗户边上时。

因为能够通过玻璃窗的紫外线是"长波紫外线"，就是我们防晒霜上的"UVA"。它一般不会使人晒伤、晒红、脱皮，但它会缓慢地使人产生一种变化，一是会晒黑，二是会产生皮肤老化，这种皮肤老化叫"光老化"。

"光老化"跟自然老化不一样，它会使皮肤更粗糙、更多褶皱，而且会很松弛，是美容的大敌，属于皮肤的"无形杀手"，这就牵扯到防晒霜的选择问题了。

能让人有感觉、知道皮肤被晒伤的是"中波紫外线"，英文缩写是"UVB"。比如去海边回来，皮肤被晒红、晒脱皮，就是"UVB"作祟，这个时候最好选择SPF30以上的防晒产品。

其实，最容易伤害皮肤的是平时常态生活中的日晒。如果你是朝九晚五地上下班，接受的阳光不是很强，或者虽然是室内工作，但房间的采光很好，能把你晒老的就是"长波紫外线"——"UVA"了！因为每天都要接触到它，所以人就是在无意识中逐渐变老了。为了预防它的伤害，春季或者秋季可以用SPF值在15以下的防晒霜。但是同时还要注意

PA的值，这在防晒霜上也有标注，是专门对付"长波紫外线"的。一般情况下，用PA后有一个"+"的就可以了。

如果是到了夏天九十点钟的时候，阳光已经很强了，就要增强防晒系数，最好是SPF20~SPF25，同时PA值一定要有。

需要注意的是，即便防晒霜按照上述理论涂抹好了，是不是出门就不用打伞、戴帽了？绝对不是！因为相同的照射情况下，用防晒产品并不能100％地防晒，比如SPF是30的话，它对紫外线的防护达到96.5%，也还有一定的遗漏，更不用说指数低的了，这种情况下，最好还是要添加其他的防护措施。

还有最关键的一点，大家在抹防晒霜的时候往往达不到厚度，而医学上在测SPF值的时候涂得很厚，面部的每平方厘米要2毫克，涂抹出来的效果几乎和日本的艺伎一样。而这是一般人做不到的。所以防晒指数很多时候并不能如实体现。如此看来，打伞、戴帽子还是必要的。

卖防晒霜的小姐会和你说："这个能防几小时，几小时以后你重新抹就可以了。"但是，春天和夏天的阳光强度是不一样的，你在春天也许能防护两小时，在夏天也许就只能防护半小时，强度不一样，防护的时间也不一样，而且抹的次数越多，防护的强度虽然也越强，但是同时刺激也加重了。

很多人面部长了痤疮，或者鼻头有炎症，用防晒霜的时候就迟疑了，怕加重症状。事实上，他们更应该防晒，因为日光会加重痤疮！

痤疮之所以会叫"青春痘"，是因为青春期以后人会产生性激素。对痤疮起促进作用的主要是其中的雄激素，它会使皮肤腺发育成熟，产生大量的油脂，毛囊皮脂腺的导管开口的地方很容易被油脂堵上。紧接着，被堵住的毛囊皮脂腺里面，逐渐有细菌开始滋生。它们以皮脂为食物，分解油脂并产生游离脂肪酸，这种游离脂肪酸会对毛囊及其周围的组织产生刺激，所以有的痘痘会发红，那就是由细菌引起的炎症。没有炎症时候的痤疮一般比较小，我们就叫它"粉刺"。粉刺如果产生炎症且炎症反应重的时候，会产生很大的疙瘩，它会发红，一摁就疼。

为什么日晒以后会加重痤疮呢？因为日晒以后会刺激角质细胞，加重毛囊皮脂腺导管开口的堵塞，所以痤疮患者一定要防晒。

有痤疮的人该选择什么样的防晒剂呢？最好的当然是物理遮盖，比如戴帽子、打伞。如果要选防晒霜，无论是化学防晒霜还是物理防晒霜，一定要选颗粒小的，以避免毛孔的堵塞为务。

网上很多人在传，"医生居然给病人开避孕药治痤疮"！的确，避孕药确实是临床治疗痤疮时会用到的，一般治疗对象都是女性，这种避孕药叫"达英-35"，它有抗雄激素的作用，还有一些微量的雌激素，以此减轻雄激素刺激下的皮肤油脂的生成。但这个药男性不能用，因为会使其产生女性化的表现，比如乳房胀痛、性欲减退等。

对痤疮的正规治疗，一般要针对不同的发病期：油脂产生比较多的，可以用一些控油的药物，比如口服或者外用的"维甲酸"，它会减少油脂的分泌，减少毛囊口的堵塞。还有一种外用的抗生素叫"过氧化苯甲酰"，长期使用是可以的，一般的药店可以买到。如果仅仅是粉刺的话，一般情况下外用药就可以了。晚上抹"维甲酸"类的药物，帮助毛孔通气，白天可以用一点"过氧化苯甲酰"，减轻炎症，对皮肤也有一定维护作用。

需要注意的是，治痤疮要坚持，不能急于求成。很多人知道"维甲酸"，但用了几天发现没明显效果就放弃了，再去找一用就灵的。事实上，痤疮和遗传、体质、激素的分泌水平、皮脂腺对激素的反应性、肤质都有关系，这些都是你不可能彻底改变的。局部的药物起的主要是维持作用，它能帮你度过油脂分泌、激素紊乱的时期，所以一定要坚持使用，直到症状明显缓解。

⊙皮肤训练可以祛除红血丝

有的人虽然皮肤很白，但能清晰地看到红血丝，如果达到极致的话，甚至会像生活在高原的人那样，颧骨部位是红的，这也是影响美容的问题。

红血丝的产生有几个原因，一个是因为紫外线照射，使毛细血管扩张了。还有一些人情绪激动的时候很容易脸红，这种情况长时间反复以后毛细血管就固定了，可能就没法改变了。另外，不当地使用一些药物，引起毛细血管扩张，也会促成红血丝。

红血丝一旦形成，单靠药物是很难消除的，医院里一般是用脉冲激光治疗，这种治疗效果还是很好的，但是，如果诱发原因不去除的话，它还会复发。如果你发现自己的脸确实是在冷热之后很容易变红，除了防止骤冷骤热外，平时也可以做一些皮肤的训练，如每天用水敷脸，自来水就可以，在洗干净脸之后进行。

敷的时候，先从最能接受的温度开始，比如正好是和你体温相近的36℃左右的水，敷5分钟之后，再用自然的凉水，继续敷面5分钟，这样做两天后，可以再提高一点热水的温度，还是敷5分钟后，改用凉水。慢慢适应之后，可以将凉水改为冰水，加大热水和冰水之间的温度差。这种方式不仅可以训练血管收缩扩张，而且对皮肤也有刺激作用，可以增加皮肤的弹性。但注意，不要用烫手的水，因为水太热会影响皮脂腺的分泌，使皮肤变干。

这个原理也可以用在做面膜的时候，将面膜提前放在冰箱里冰一段时间，热水洗脸后，将冰凉的面膜敷在脸上，在皮肤吸收营养的同时，又兼顾了对皮肤的冷热训练，一举两得。

美白小贴士

1. 每天早餐吃一把榛子，或者10个（大）杏仁，或者2个核桃。

2. 土豆、红薯吃的时候要适量。

3. 生鲜蔬菜、水果沙拉，每天保证一份。

4. 四季都要防晒，春夏：SPF20，PA^+或PA^{++}；秋冬：SPF12~SPF15，PA^+。

5. 温水凉水交替敷面，每次敷面5分钟。

抗斑：追根溯源，消除颜色各异的斑点

脸上长斑似乎是女人的"绝症"，其实男人也有，但很少。除了他们不那么在乎自己的容颜之外，男性的内分泌比女性要简单一点。承载了孕育分娩大任的女性，体内雌激素、孕激素等的微妙配合是一生的事，稍有差池，脸上的斑点就是会出现的问题之一。既然如此，祛斑的关键还是身体的调理。

斑点有几种：雀斑、老年斑、黄褐斑。第一种是遗传性的；第二种是老年人的正常现象；对容颜最有影响，也最有治疗价值的是黄褐斑。

⊙要想防斑，首先防晒

黄褐斑的发生也同样具备遗传性，如果父母任何一方家族中有黄褐斑的，后人长斑的可能性就增加，他们是黄褐斑的"易患体质"。对他们来说，长斑就像一个随时可扣动的"扳机"，一直处于临界状态，只等诱因来临。那么，什么会是扣动这个"扳机"的诱因呢？首先就是日晒，所以防斑的前提是防晒。

我在本书中已经讲到了日晒是皮肤老化的罪魁祸首，如果你想保护皮肤，一年四季都要防晒。但是，如果你是个黄褐斑的易感人群，防晒就要加个"更"字。包括在居室里，即便不是朝阳的房子，即便隔着玻璃。能伤害人的紫外线是可以透过玻璃的，而且从地面、其他建筑物反射过来的光线都具备晒伤或者说扣动黄褐斑"扳机"的效果。所以，不想因为日晒而诱发斑点，一年四季，即便在室内也要防晒。

⊙ "粉面含春"可能是长斑的前奏

"黄脸婆"的女人为面色发愁，总想给自己涂脂抹粉产生红颜的效果。但是，"粉面含春"的女人也有她的苦恼。这种人虽然身材纤细，皮肤细腻，但经常顶着一张关公般的大红脸，很失女人的清秀。而且和其他影响美容的问题不一样，这种红是无法粉饰遮掩的，与此同时，脸红的同时她自己也很不舒服，感到很燥热。

我当住院医生的时候，跟着我的老师看过一个女孩子，她是滑冰运动员，平时就在首都体育馆里练习。她才24岁，来看病就是为了治脸上总是发红发热。她说，一块儿训练的女孩子都白白净净的，只有她，总像个"红脸关公"似的。别人见了总问她怎么了，什么事让她兴奋得满脸通红？特别是大家开会，屋子里闷的时候更严重。她为此总是端一杯凉水，一边开会一边冰熨自己的脸。冬天明明觉得很冷，手脚也冰凉，但她的脸依然发热，她自己也觉得像有一股火闷在身体里。

人的面部是属于胃经的，所以面子的问题和胃火有直接关系。因此她去看医生开的都是去胃火的药，吃得她不断地泻肚子，但脸红的问题依旧，只能说她不幸地遇到了庸医。

如果她除了脸红，还有口臭、特能吃、大便干、之前不久还吃过辛辣的食物，比如麻辣香锅、水煮鱼之类的，而且在面部发热发红的同时手脚冰凉，这种比较单纯的表现可能就是胃火。中医治疗的话，一般会用含有石膏的药物治疗，比如"黄连清胃丸"、"黄连上清丸"，胃火下去，脸色也就正常了。但这个脸热手凉、内热外寒的女孩子不是胃火，而是肝郁！因此不能清胃火，而是要疏肝郁，很多医生想不到这里，所以很容易误治。

中医中的"肝"是主疏泄的，通俗说就是中医的"肝"负责全身气机的调理，气机通畅的时候，身体脏腑的功能就能和谐、有序，一旦肝气被郁住了，功能就失调，直接导致热量郁积在体内散不出来，这就是所谓的"肝郁化热"，用现代医学的概念说就是身体散热不均衡。

中医五行是"金生木，木生火……"的顺序，肺属金，肝属木，"肝"是"肺"的"儿子"，但一旦肝气过盛了，肝气郁了，就会反过来欺负身为"父亲"的"肺"。中医的"肺"是主皮毛的，人体的皮肤和中医的肺有直接关系，"肺"被"欺负"了，和它相关的皮毛的功能就要受到影响，散热功能就会失调，自然就表现出忽冷忽热，忽红忽白，其实症结在肝气郁上。

这种因为肝气郁导致的发冷，和体内有寒时感觉的发冷不同，后者能感到身体从里往外冒寒气，连骨头关节都往外冒寒气。"肝郁"的发热也和体内有热不同，体内有热的时候人会想喝水，而且喜欢喝冷水，但这种肝气郁造成的热是郁热，人不会喜欢喝冷的东西，而且能感到自己的热被郁住了。我看到的那个女孩子就说，总想给自己的皮肤扎个洞，让里面的热散出去，然而只有疏肝才能把不均衡的热疏散出去。

虽然这是个24岁的女孩子，但她的脸上发红发热和更年期女性的面部轰热的原理类似，都是体内激素失去平衡导致的。只是年轻女孩子的激素失衡程度轻，病情也相对单纯，通过调理能顺利"过关"。这个女孩后来吃的是以"逍遥散"为基础的汤药，方子里始终在用"柴胡"和"薄荷"这两个有宣散肝经郁热作用的药物，为的是帮她把郁热透散出去。她吃了这个药后，脸上发热的情形明显减轻了。一个多月后，她在出去比赛之前来看病，想带点儿"加味逍遥丸"的成药走，那时候，已经是个很秀气白净的女孩了。

这种寒热不均的问题，如果是单纯地清热以祛面部红热，或者是单纯地温里以解手脚之凉，都是明显的错误，而且会加重面部的郁热，因为无论是单纯地清热还是单纯地温里，都会加重肝气的郁结。在脸红严重的基础上，还可能长斑，比如我们说的"黄褐斑"、"蝴蝶斑"，年纪轻轻就会步入失调的中年。

有人做过相关实验，先是把一群实验用小白鼠，制造成和人一样的肝郁，结果，这些肝郁的小白鼠皮肤的黑色素明显增加了。还有一个实验发现，用中药的补气、补血、解郁的药物治疗的病人，他们黑色素形成时的关键物质——酪氨酸酶的活性开始降低。由此可见，肝郁是可以促进皮肤黑色素形成的，而疏肝养血的药物不仅能使人的脸红、燥热感觉减轻，而且可以抑制黑色素的形成，能祛斑、防斑。

⊙颜色发青的黄褐斑，要用"逍遥丸"治

女人的美不是化妆化出来的，而是吃出来的，面色和皮肤除了和营

养有直接关系，同时也能代表身体的和谐状况。这就意味着，除了要保证气血充盛，还要保证气血的顺畅。只充盛，不顺畅，就会出现失调，就会有郁滞。

现在的人，纯粹因为气虚血虚的不是很多，大家的营养都很好，但怎么能使吃进去的东西合理平衡地分配，就牵扯到中医里的"肝"的问题，这是最容易导致人长斑的。而因为肝气郁结而长斑的人，斑点的颜色一般发青。

青色是中医所说的肝的颜色，人生气的时候会"青筋暴露"，气得"脸色发青"。之所以出现青的颜色，就是因为动了肝气。中医的肝气和情感直接相关，发脾气是动了肝气、肝火，情绪压抑是肝郁……总之都和肝有关，也都容易出现青的颜色。如果你的黄褐斑颜色发青，说明肝郁是你的黄褐斑的主要成因。

人活在现实中，不可能全尽人意，特别人到了中年之后，要面对的事情越来越多而且复杂，所愿未遂的机会也就多，这个时候情绪都会有波动，情绪波动直接影响的就是中医所说的"肝"，就可能引起肝气郁。所以，中医治疗中年的疾病讲究"中年责之肝"，是说要从肝郁上找毛病。

肝郁到极致之后，一种人是发怒，这种情绪的后患是即时的，马上看出效果，比如高血压、心绞痛。到了四五十岁之后，人们都知道要保护血管，要戒烟，要吃保护血管的药物。但是，按照一般的衰老规律，血管因为衰老而变得狭窄，一年也就1%的速度，但是，如果是因为暴怒，动了肝气，这时候血管可以在瞬间缩窄90%。虽然在之后可以通过治疗而缓解，但这个急性的缩窄过程足以使人突发心绞痛甚至心肌梗死，以及脑血栓。我们在电视电影里常看到的老干部被不争气的孩子气得一手捂胸之后昏厥，大多是急剧的情绪变化使重要器官的供血出了问题。

如果不是急性爆发，碍于面子，就可以由伤害他人变成伤害自己；或者是心思过重，在别人不是什么大事的小问题，在他也会很敏感，小问题带来大伤害，如果再发泄不出去自然就会郁出问题。这在女性更多见，一次婆媳不和、同事纠纷就落下病了，逐渐觉得自己总是胸闷，喜欢长出气，而且嗓子里好像长了个东西，平时咽口水的时候就能觉得那东西的存在。很多人担心自己被气得生了食管癌，其实不是，他们是被气出了"梅核气"。

食管癌毕竟是食道长了异物，在咽食物，特别是固体的、硬的食物时感觉有噎住的感觉，喝水或者咽口水时这个感觉就减轻了。而生气导致的这种异物感，真的开始吞咽时反倒减轻了，因为本身这种异物感就是一种错觉，吃饭的时候，或者因为其他事情把注意力转移开了，这个原本并没有实物的感觉也就减轻乃至消失了。有这种感觉的人，看中医的话，一般都属于"肝郁"，时间长了就会出现色斑，乃至长出"过了期"的"青春痘"，与此同时，乳腺增生、子宫肌瘤也随之而来，而且，这些疾病往往是相互联系在一起出现的，因为它们的病因都是一个，就是肝气郁结了。

我以前有个同事，心气特高，但是心胸狭窄，每天上班都沉着脸，觉得谁都是她的竞争对手，整个办公室被她弄得很不愉快，她自己也很少愉快。每次体检，她都被发现是严重的乳腺增生，而且脸上有很严重的黄褐斑。那时候，人们总觉得只有怀孕的时候才有黄褐斑，因为怀孕的时候激素变化太剧烈。她连男友都没有，但斑却照长，原因很简单，她每天的不愉快一直在刺激自己的身体，虽然没怀孕，但体内的激素水平因为心情刺激，估计也早就"波澜壮阔"了。

她的抽屉里总是放着各种药物，其中就包括"逍遥丸"，但一直到她辞职，这个病也没解决。因为她的个性没改变，不断地自己找气生，等于一边吃药，一边自己添堵。

治疗肝郁，最经典的药物就是现在药店能买到的"加味逍遥丸"，中医治疗斑点而开出的方子，一般也都是在这个基础上加减的。明代名医赵献可评价"逍遥丸"时说："以一方治其木郁，而诸郁皆因而愈。一方者何？逍遥散是也，方中惟柴胡、薄荷二味最妙。"

这句话对大家是个提示，适合服"逍遥丸"的人，如果症状没那么明显，或者是为了预防用药，平时可以用"薄荷茶"维持，因为薄荷有很好的解郁作用。方法很简单，就是到药店买来薄荷，一般是干的，像冲茶一样冲泡，加点冰糖，或者就在每天茶中加点薄荷，甘甜清凉，沁人心脾的同时还能解郁。

现在很时兴喝"花草茶"，就是用花来泡茶，容易肝郁的人还可以经常喝茉莉花和玫瑰花泡的茶，这两种花都有疏解肝郁的作用。

用药物适当调整之外，有几个穴位可以经常按摩或者刮痧，慢慢能使脸上的斑变淡，减少"过期"痘痘的出现。比如腿上的"三阴交"和"太溪"、"太冲"。

"三阴交"在小腿内侧，在内踝尖直上三寸，胫骨后缘就是，这个穴位又被医生们称为"妇科三阴交"，说明其和妇科疾病关系之密切。月经前后，自己按这个穴位都会有明显的压痛，按摩这个穴位按到不疼了，就达到了治疗目的。而"太溪"和"太冲"两个穴位，早就有人做了实验，月经前后，这两个穴位的电反射都有明显不同。所以，平时经常自己用手按摩或者用刮痧板的角，点按这几个穴位，每天早晚做一次，每次点按3~5分钟，坚持一两个星期，对改善与妇科疾病有关的内分泌问题很有作用。

北京中医院有个著名的皮肤科专家，叫陈彤云，她的皮肤就特别好，别人以为她一定有什么秘不外宣的保养秘方，其实，熟悉她的人都知道，她的皮肤好不是靠药物、食物的保养，关键是心态。陈老师现在八十多岁了，一生经历了很多事，起伏跌宕，但无论是得意的时候还是失意的时候，从没见她发过脾气、忧愁过或者得意忘形过，永远是很淡定的样子，这一点就是她的美容秘诀！

对女人来说，皮肤的状况和内分泌关系密切，而内分泌又直接听令于大脑皮层。也就是说，任何的情绪起伏都会影响到你的内分泌的平衡，这个一失衡，自然会从根本上影响到皮肤的状况，那些外在的粉饰和保养是不可能从根本上与此抗衡的。所以中医才讲，女人到了中年出现的很多疾病，都要"责之肝"，肝气郁结一般都是心情不舒畅导致的，中医的这条经验也是从历代女性身上总结出的治疗经验。古往今来，情绪问题都是女人躲不过去的健康劫难，这之中当然包括皮肤问题。所以，拥有美丽容颜的大前提就是要有一个放松的、愉悦的心态，非此，其他的补救都无济于事。

⊙斑点颜色发黄的，可吃"补中益气丸"

除了青色的黄褐斑之外，仔细观察的话，黄褐斑中还有颜色发黄的和发黑的两种。发黄的人多脾虚，因为脾的颜色是黄色。你观察消化不好的孩子，或者是有慢性肝病的人，面色往往是偏黄的，而且黄得无光泽。消化不好的孩子一般是脾虚，如果这种黄色不改变，孩子是很容易感冒咳嗽的。因为脾是后天之本，是人体抵抗力的基础。与此同时，脾属土，而肺属金，五行的顺序是土生金，脾为肺之母，通俗地讲，"母肥才能儿壮"，脾一虚，肺就要受累。所以平时消化不好、胃口很差的孩子，总比其他孩子容易感冒咳嗽，稍微吃得不合适了马上就咳嗽、痰多了。反过来，一旦他们因为药物或者饮食调养得当了，小脸不那么黄了，中医讲的脾气虚好转了，感冒发热也就减少了。

至于慢性肝病病人，大多是面色萎黄的，这和肝硬化时合并黄疸有关系。但是，很多人即便是通过药物治疗，黄疸退了，面色仍旧是黄的，因为他们的脾虚体质没有改变，仍旧暴露了脾的病色。中医对这种肝病的治疗，要大量用到补脾的药物，比如黄芪。我见过一个肝硬化病人，黄芪用到了120克！他就是靠这样大剂量的补脾药，振奋着虚弱已极的脾气。

如果黄褐斑的斑点颜色偏黄，说明这个人是偏于脾虚的，再细究其他症状，一般还有胃口不好、消化不良，平时很容易疲劳，严重的到了下午连说话都有气无力了。因为脾主肌肉，脾虚的时候肌肉的力量会明显下降，过去文弱书生的"手无缚鸡之力"，就是脾虚的典型症状。

这种人也可以是个胖子，但是肯定是明显的虚胖，肉摸上去很松，肌肉无力。他们的胖是因为脾气虚，没有运化能力，很多代谢物不能代谢出去的结果，包括沉积在体内的过多的脂肪，也是燃烧能力不足的后果。而且这种人的消化系统也会频繁出问题，比如硬的、凉的都不容易消化，大便要么偏干，要么很容易稀溏，总之很难成形，这就更说明他们本身是脾虚体质，祛斑的治疗也要从补脾入手。

中国人的肤色是黄色的，黄是脾的颜色，所以脾胃是中国人的重要环节也是薄弱环节，是最能影响整体健康的环节，否则中医不会将脾胃视为"后天之本"，特别是当女性的容颜出现问题，很多时候就是脾虚在作祟。

我见过一个女病人，快50岁了，是一家报社的总编辑，虽然没什么痼疾，但一直给人"病秧子"的感觉。她始终体质很弱，脸上就有很严重黄褐斑，而且无论是斑点的颜色还是没长斑的面部肤色都偏黄。她每天下班回家都没力气说话，她的家人也知道，这个时候不去打搅她，一定要等到她吃完晚饭，坐在沙发上缓一会儿，才有力气说事情……她就是个典型的脾气虚患者，吃的那顿晚饭等于给她补了脾气。后来，她为没劲说话去看了中医，开出的方子就是在经典的补脾方"补中益气汤"基础上加减的。当时正是秋天，医生让她坚持吃上3个月的山药，就这么配合着吃了快4个月时候，下班的时候感到明显地有了气力，她倒是一直没在意脸上的斑，但是我们可以明显地发现斑点的颜色也变淡了，不像以前那么黄了……这就是补脾的效果，如果不明白这个原理，谁也不会想到，一个再普通不过的"补中益气丸"也有祛斑的效果呢！但是有个前提，这个补脾药能祛除的黄褐斑，一定要是脾虚性质的。

除了"补中益气丸"，能在药店买到的还有"参苓白术丸"、"人参健脾丸"，都是这种脾虚人适合长期吃的保养药，它们的药性很平和，针对的是因为脾虚引起的慢性衰弱体质，是可以久服同时也是应该久服的药物，因为体质的形成是常年的，甚至是遗传下来的，几代基因作用的结果，所以改善体质不是一朝一夕的事。

常用的补脾食物

大枣、山药、莲子、小米都是补脾餐桌上的常备食材。

每天蒸一段山药当点心吃，也可以将山药、莲子加在粥里一起煮，比如加在"小米红枣粥"里。"小米红枣粥"是中国传统的补养食物，过去经常是给产妇喝的，就是通过补脾气来补益分娩后受损的气血。在你决定补脾的时候，最好这一年四季都喝这个粥，虽然食物的效果不及药物，但养成习惯之后，可以和中成药一起，"润物细无声"地扭转脾虚状态。这种方式的祛斑肯定不是速效的，但是绝对是无害的，而且是根治。

⊙斑点颜色发黑的，可吃"六味地黄丸"

还有一种黄褐斑的颜色是发黑的。仔细观察这种人，除了斑的颜色发黑，脸上不长斑的地方也不会白净，这种人可能身体也偏瘦，人显得很干巴，水分很少，这就可能是肾虚，而且肾阴虚的可能更大，"瘦人多阴虚，胖人多气虚"。除了长斑，她们还有手脚心发热，心里也烦，夜里睡眠不好、做梦，或者睡到半夜出一身汗，觉得很燥热，这在中医里叫"盗汗"，这就是肾阴虚的表现。

黑色是中医所说肾的颜色。中医的"肾"不仅包括了大家熟悉的泌尿和生殖系统，更是人体的一个能量和营养的库存。如果把人体比作一棵树的话，中医的"肾"就是树根，身体的任何一个器官、系统出了问题，就好比是树叶被风刮掉了，树干被人砍伤了，最后都要影响到树根，这样时间久了，树根受了伤，树的生命就受到了致命的危险，即所谓伤根了。也就是说，所有的疾病如果治疗不好，变成了慢性的，都要伤到中医说的"肾"，出现肾虚。反过来说，如果这个人已经肾虚，不管是慢性病消耗的，还是先天体质造就的，都会影响到其他的器官，比如出现脾气虚、肺气虚，就像树根扎地不牢，树叶树干就会风雨飘摇……

如果一个人的黄褐斑是发黑的，这种人要么是先天体质弱，比如生下来的时候体重很轻，或者是家里最小的一个孩子，父母生她的时候，特别是母亲，已经年过40甚至更加高龄，先天禀赋中就是肾虚的。要么就是以前有过慢性病，或者虽然没有慢性病，但始终功能很弱，而且这种状态多年没有改变，肾虚就在所难免了，治疗这种黄褐斑就要针对"树根"了，要补肾，具体说是补肾阴。

中医古籍中有很多药物后面注明是"使人面白"，不懂中医的人一看这个注释就买来把它们敷在脸上。事实上，这种能使人面白的药物一般都是补肾阴的，这个"使人面白"其实还有"使人肥"的作用，而且这个增肥的作用是皮肤变白的前提条件，同时也提示，这种"使人面白"的药物治疗的人大多是偏瘦的，而且在一定程度上是因为偏瘦而皮

肤、色斑更容易发黑。

阴虚实际上是对身体的有形物质，比如阴津、阴血消耗过大的结果，如果不把这种病态的消耗制止住，不把消耗掉的阴津阴血补充足，不仅消瘦不能改善，色斑也很难淡化。所以对黄褐斑的颜色发黑的人，祛斑的过程就是滋阴补血的过程，在某种意义上也是增肥的过程，最适合用的就是大家非常熟悉的"六味地黄丸"，还是那句话："瘦人多阴虚。"

"六味地黄丸"是中医补阴药的鼻祖。前面说了，任何器官的慢性病变都会累及中医所说的"肾"，导致肾虚，所以"六味地黄丸"在现在可以是糖尿病、慢性肝炎、慢性肾炎、甲状腺功能亢进等很多慢性病长期服用的辅助药，因为这些疾病很容易使患者变成肾虚，必须把虚损的肾阴补上，树根强壮了，才能使树叶繁茂，树干挺拔。用它来治疗黄褐斑也是这个道理，发黑的黄褐斑其实就是肾阴虚人长期虚损状态的外在表现，虚损补上去了，人就会变得丰满圆润一点，色斑也就减轻了。

但是有一点必须清楚，这种已经伤到了"肾"，伤到"树根"的慢性病问题，不可能期待今天吃了"六味地黄丸"，过两天色斑就淡了，要允许身体有修补的时间，所以一般要吃1个月才可以看到疗效，而这种肾阴虚的体质，不坚持3个月，是不可能有根本改变的，一蹴而就的速效心态不可能让你从根本上祛斑。

冰糖薄荷茶

干薄荷8克（鲜薄荷的话可以是7~8片叶子的量），开水冲泡后盖严盖子，稍微闷一会儿，之后加冰糖或蜂蜜调味即可。常食可对颜色发青的黄褐斑有淡化作用。

红枣小米山药粥

小米、大枣淘洗干净，山药去皮切片或丁，水开后下小米、大枣，再开锅后加山药，煮至软烂即可。常食可对颜色发黄的黄褐斑有淡化作用。

除皱：长皱纹是因为你的身体不会用水

皮肤从外到里分为表皮、真皮和皮下脂肪，其中的真皮类似于皮肤的"骨架"，其中包含了胶原蛋白、弹力蛋白和其他纤维。皮肤是不是光滑，是不是有弹性，基本上是这一层决定的，"骨架"挺立，皮肤的状态就好，没有皱纹。很多人年过40仍旧皮肤光滑，你去看这种人，首先她们有相对健壮的体质，气血充足，蛋白修复功能很好，即便劳累了、生病了、蛋白质消耗过大了，也可以通过饮食和睡眠尽快恢复，所以，她们的皮肤就显得年轻，这是其周身状态的表现之一。要想彻底美容，就要提升这种整体能力，我们熟悉的"补中益气丸"的创制人，金元时期的名医李东垣的补脾大法，就可以帮你实现这个目的。

⊙别让心、脑、肾从皮肤里"抢"水

30岁的女人买化妆品，最先关注的肯定是其中的"防皱"、"抗皱"功能，其实，一般情况下，皱纹的出现从25岁就开始了。

25岁左右：眼角可能出现浅小皱纹、眼袋等。

30岁左右：额部皱纹加深增多，外眼角出现"鱼尾纹"，上下眼皮出现不同程度的皱纹。

40岁左右：鼻唇沟会加深，口角出现细小皱纹，颈部皱纹也跟着显现出来。

50岁左右：眼袋加深并出现下眼纹，上下唇也出现皱纹。

60岁左右：全颜面弹力下降，颜面皱纹加深。

虽然皱纹是迟早要生的，但靠我们自己的努力，有一些问题是可以延缓的，比如发生在表面的细小皱纹。具体说，就是因为缺水或者日晒导致的皮肤表层的细胞萎缩和由此而来的微小皱纹。

贾宝玉说，"女人是水做的"。这话不假，其实人都是水做的，只是女人更甚，因为人体的70%都是水分，身体的所有新陈代谢都要在水环境中进行，只要失水，代谢就要出问题，功能就要丧失，皮肤尤其如此。所以，不管是皱纹，还是色素沉积，发生的前提都是皮肤缺水。因此，任何一位皮肤科医生在讲到皮肤保养时，首先要说的就是保水，其中包括皮肤局部的保水和全身的补水，而后者往往是误区最大的地方。

"渴了才喝水"是很多人的习惯，特别是年轻人、职场人，忙起来一天都可能忘了喝水，这是常态，一般是要渴得难耐才去喝。但是，人感到渴的时候，已经是身体缺水到了一定程度。血液的渗透压在缺水时是要增高的，也就是血变浓了，变稠了，这个变化会被"汇报"给大脑，从而产生"渴了"、"想喝水"的感受。

前面说了，水是所有器官功能的保证，一旦你缺水到了血液的渗透压都升高的时候，身体已经开始向身体的重要器官调遣水分了，具体说，就是将皮肤这种相对次要的器官的水分，"贡献"或者"调拨"给心、脑、肾等生命攸关的器官。也就是说，在你感到口渴的时候，你的皮肤早已经开始缺水了，因缺水导致的皮肤损害，在你忘记喝水的时候已经在偷偷进行了。所以，喝水不能以口渴为标准，而要定量、定时，特别是你很在意你的皮肤状况，一天到晚找保水办法的时候。

一般情况下，人一天应该喝水2500~3000毫升，这里面包括了吃饭时的汤和水果中的水，去除这些，一天保证喝2000毫升的水是必需的，这是底线了，也就是我们常说的"一天喝八杯水"。

喝的时候最好是定时的，这样能保证水分的有效利用。一般情况下，每天在清晨起床后、上午10点左右、下午3~4点、晚上就寝前，这4个时间段是"最佳饮水时机"。如果这一天出汗较多、运动了或是洗澡、做桑拿了，更要及时补充水分。这样做，至少避免了心、脑、肾等重要器官从皮肤抢水的问题。

至于喝什么水，其实没太多讲究，水的味道、成分也不过是为了督促你喝够水。如果你是个胖人，茶水就更好，在补水的同时茶叶本身的消脂功效也可以兼顾到，补水同时减肥。咖啡也不错，特别是不加糖和伴侣的纯咖啡，糖和伴侣都会增加额外的能量，而咖啡是可以增加人体代谢的，可以帮助动员你体内的脂肪燃烧出去，每天上午下午的时候，可以喝两次纯咖啡，确实有减肥的效果。

如果你是个瘦人，可以喝蜂蜜水，至少让这8杯水中，有2杯是有蜂蜜的，润燥同时也能补充糖分。市面上有很多蜂蜜，补水滋阴效果都差不多，只要是正规商店销售的就可以。

蜂蜜补水的饮法

用温水把蜂蜜调开，一次一两勺，可以加一两片柠檬提味，而且柠檬是酸的，中医有"酸甘化阴"的理论，柠檬的酸和蜂蜜的甘相加，可以更好地增加补水效果。这两杯蜂蜜水最好分别在早上和中午喝，使它的补水作用有个"接力"。

⊙给干燥的皮肤喝点"麦冬乌梅茶"

这样喝水补水之后，很多人的口渴问题、皮肤干燥问题解决了，但也有特殊的，她们总觉得渴，总喝水，但是仍旧感到口干，在口干的同时皮肤也是干燥的，脸上一看就不水灵，即便还在盛年，即便每天做面部补水的功课，仍旧因为缺水有细小皱纹。这个时候就要分析内在原因，首先要看她们是真的缺水，还是缺少将喝进去的水合理利用的能力。后者是多见的，尤其是身体一向虚弱的女性，她们的皮肤养护其实更应该是身体养护，否则局部补水只能是暂时的"表面功夫"，皱纹、粗糙还是避免不了。

我讲课的时候遇到很多人，他们的口渴问题已经严重到了夜里睡觉都得在床边放暖壶，因为夜里要被渴醒好几回，要喝好几次水，这显然是病态了。这种情况，我先要嘱咐他们看看是不是血糖有问题，先去查个血糖，即便有的人只有30多岁，但如果他的父母都有糖尿病，他的糖尿病发生就可以很早，而且，现在的糖尿病未必有马上出现消瘦、胃口特好等典型症状，有时候没有其他症状，就是口渴，很多人会把它误认为天气干燥所致而没重视，以致拖延了诊治时间。

如果血糖没问题，这个人本身偏瘦，那就有点阴虚的可能了，这种情况的口渴我一般都推荐用麦冬乌梅茶，如果不把她们的阴补足了，口渴和皮肤的干燥也解决不了。

麦冬味甘，滋肺胃之阴，乌梅是酸的。中医有"酸甘化阴"的理论，就是说，酸味和甘味的东西配合在一起，可以转化为阴液，这个阴液也能上荣到面部，皮肤的缺水问题就解决了。体质平素就阴虚的人，或者是春天干燥的时候，这个茶应该是很应季的。因为春天的干燥和秋天的干燥不同，春燥偏热，因为正是一年阳气萌生阶段，阳气可以助燥，更加重干燥，所以皮肤在春天的干燥会比在秋天严重。这个时候，原本就体质偏瘦的女性不妨将其当成自己的常规饮料，因为好喝，所以可以诱惑你经常喝水，在口渴缓解的同时皮肤也不那么干燥了，这意味着周身的干燥问题也在减轻。

⊙顽固性口渴的人，该用补药护肤

很多人喝了"麦冬乌梅茶"也无效，他们在渴的同时，看上去体质偏于虚寒，比别人怕冷，脸色也发白而且干枯。按理说，虚寒的人应该是不喜欢喝水的呀，只有热性体质或者热性病的人才会因为身体里的热把水蒸干了，而去饮水"灭火"以自救。

这种人还有一个问题，就是喝多少，尿多少，夜里要几次起夜，这就是典型的气虚了。因为气虚，那些不能及时代谢出去的水，停在体内积蓄继续折伤阳气，阳气越虚，能滋润上焦的津液越少，所以他们才总是觉得渴，归根结底是喝进去的水不能为身体所用，表现在感受上是口渴，表现在皮肤上就是皮肤缺水。但是，这不是因为他们缺水，而是缺少化水为云、化水为用的阳气，自己的身体不会利用水了。

在自然界，云雨均匀的地方，肯定生态环境好，植物茂盛，因为天地之气交会得好。云、雨就是天地之气交会的结果，是自然的生机，人体也类似于自然，所谓"天人合一"嘛。中医讲，"太阴所至，为化为云雨"，就是说，太阴脾土是主管气血的生化的，脾气最终要将吃进去的食物、喝进去的水，化作人体需要的"云雨"，云雨蒸腾在上，面部的皮肤就湿润了，口腔也不干燥了。所以，这种顽固性口渴的人，一般都有脾虚的问题。

中医的脾首先包括消化系统，还包括人体的正气，中医讲，脾是"后天之本"，一个消化功能很差的人，体质肯定好不到哪里去，即便他原来有个不错的先天，也经不起日积月累的消耗，体质逐渐地就会变弱，成为脾虚的人，这种人怎么可能有好的肤色和肤质？而中医的任何一个脏腑如果虚到极致，都会影响到肾，这也是中医的"肾"，这种人最后往往是"脾肾阳虚"的。肾是身体的动力，能源基地。肾虚的人，形象一点说，就是身体的火力不足，吃的喝的都不能被燃烧、被利用，身体成了一个"绿色通道"，营养物质都"酒肉穿肠过了"，皮肤干燥、口渴之类的表现就是这种失调的问题之一。所以，要改善这种人的肤质，关键是要将喝进去的水用到皮肤上，通过补脾肾，把身体的"火"燃得旺一点，喝进去的水才能蒸发到头面部。

其实，仔细问一下这样的人就会发现，这种人喜欢喝水，是喜欢喝热水，因为体内阳气不足，本能地想在热水中吸取有限的热量，这个特点就足以说明她们必须用温热的药补一补以助脾肾之阳。

我见过一个离休干部，高热多日不退，西医的抗生素、中医的清热药都用过了，后来请了个名中医会诊。名医发现这个病人喜欢喝水，而且是从暖壶中直接倒出来的开水，就凭这一点，他认定这个病人其实是大寒的，虽然是发热，但内里有寒，所以最后用了补脾肾的热药，而不是之前医生用过的去火清热的寒凉药，才把高烧退了下去……

能透过看似属于热性的疾病症状，看清其寒性的实质的医生应该是高手。很多病之所以难治，很多问题看似简单但始终无法解决就是没抓住实质，在美容上更是如此，面子功夫其实是要以身体做底的，皮肤不好、气色不好，其实关键是身体的气血不旺，这个奇特病例的成功之处，应该给在俗套中梦想美容的人一个提示。

老年人总是容易口渴，身体偏虚的女性很多也是和老人一样的气虚、阳虚体质，往往是因为阳虚无力化水为气才渴的，如果遍求诸方无效，很多温补的药物是可以活用做她们专有的"润肤剂"的。比如汉代张仲景的"附子理中丸"、"金匮肾气丸"，李东垣的"补中益气丸"，这些都是现在药店里能买到的，也都是温补的药物。

如果你是一个典型的阳虚、气虚之人，你会有以下身体症状：

1. 自己照镜子看看舌头，舌质颜色很淡。
2. 舌头两边有牙齿的印痕，舌苔白，苔上面含水多。
3. 比其他人怕冷。
4. 吃凉东西或者着凉就会腹痛甚至拉肚子。

坚持吃温补脾肾之阳的药物，就会感到身体逐渐温热，口渴减轻，皮肤也润泽了。它们不是直接作用于皮肤，但是可以使身体的水分上升到皮肤，是能解决根本问题的"保湿剂"、"美容剂"。

⊙补水的时候别忘加姜

上面说的补气补阳的药物，一般需要有明确的症状，比如怕冷、夜尿多、口渴但喜欢喝热水，要具备阳虚或者严重的虚寒症状才适合吃。有的时候，虚寒还没严重到需要吃药的程度，这个时候，凭借很多食物也可以防微杜渐，将影响皮肤的问题从端倪克服起，比如生姜，最是女人离不开的东西！

　　俗话讲"上床萝卜下床姜"，又讲"冬吃萝卜夏吃姜"，这里指的都是普通人，之所以"下床吃姜"，是为了用姜抵御白天活动时遇到的寒气，而寒气是女人的大敌，受寒可以导致气血的瘀滞，影响营养物质对皮肤的供给。之所以夏天吃姜，是因为夏天有湿，湿气同样是美容的大敌，很多痘、癣、疹子都是以湿气做基础而发作的，夏天吃姜是要借助姜的温化作用祛湿。脾胃虚寒是女人很常见的体质，她们就更应该吃姜了，通过姜相对柔和的温性，逐渐改变虚寒体质，增加阳气的蒸腾能力，使喝进去的水液尽量被人体所用。

　　说到补水润燥，人们喜欢吃梨，吃"银耳冰糖梨水"。但是要注意，这里面全是凉性的食物，如果是秋天，如果这个人在燥的同时原本是个脾胃虚寒的体质，就要慎重了，因为秋天人体的阳气渐弱，这样的凉性食物吃多了会遏制阳气，反而使补充进去的水液不能为身体所用，达不到补阴的初衷。这个时候，如果加点姜就可以避免这一弊端，通过姜的温化，使所补之阴能为身体所用。我们有一个传统食物，"姜汁菠菜"，菠菜是凉性的，可以滋阴，之所以民俗中吃菠菜要用姜来调味，就是为了遏制菠菜的凉性而发扬其润燥作用。

　　中医有个名方，叫"五汁饮"，是温病学鼻祖吴鞠通记录在他的《温病条辨》里的，当时是开给温病病人的。温病就是以发热为主要症状的传染病，是过去南方地区常见的流行病，类似于现在的"流行性感冒"。这个药是用麦冬汁、芦根汁、荸荠汁、藕汁、梨汁组成的，取的都是有汁液的鲜品，针对的是高热之后，人体津液受伤乃至出现阴虚症状的人。这时候的人会口渴难耐，而且浑身上下，从鼻腔、嗓子到皮肤都有燥热的表现，对发烧有善后作用，自然也可以用在春秋干燥季节、皮肤干燥的人。但是需要注意一点，如果是本身比较虚弱，平时吃凉的容易胃不舒服的，即便有高热之后的干燥，或者自己因为天气的原因周身干燥了，或者是这种干燥是发生在秋天，想用"五汁饮"来润燥保湿的时候，一定要加一点姜汁，用姜的温性制约一下五种鲜品的凉性，避免在补阴保水的时候再伤寒凉，乃至影响了阳气的运行，那样的话，即便补进去的阴津液也无法被身体皮肤利用。

自制五汁饮

荸荠10个，藕半截，梨1个，把这些榨汁，将麦冬、芦根煎汤后与鲜汁兑在一起就可以了。（自己制作"五汁饮"的时候不必全方照搬，因为现在不容易找到鲜的麦冬、芦根，这两味药可以到药店买干的代替。）

不要小看寒凉药物或者食物对阳气的影响，严重的时候它们会导致脾虚，引起寒湿蓄积。比如有的人总是睡不醒，睡了也不解乏，整天疲惫不堪，甚至很多年纪很小的孩子也这样，家长觉得很奇怪，人家孩子都欢蹦乱跳地折腾，他家的孩子偏偏安静得出奇，而且爱睡觉，家长都担心是不是大脑发育出了问题。这种人，伸出舌头看看，一般会发现舌苔很白很厚腻，问他的感受，他往往会说身体发沉，头的感觉是蒙蒙的，不清醒，看他的面色，总像是洗不干净，暗淡、发锈，这就可能是寒湿困脾了，往往是性质过凉的食物或者药物削弱了脾气，一旦因为天气或饮食再增加寒凉，已经虚弱的脾气就被困住了，别人完全可以战胜的寒湿就找了他的薄弱环节，住下了，于是就出现了寒湿导致的一系列问题。所以在寒凉的食物中反佐一点姜，在平时生活中多吃一点姜，可以不断地化解寒湿。

⊙润肺的药物都能润肤

先讲个例子。北京有个挺著名的金领，做公关的，刚三十几岁。她突然感到后背瘙痒得厉害，去医院看，皮肤科、免疫科都看过了，就是查不出问题，瘙痒也越来越重。最后遇到了个医生，建议她做个胸透，结果居然发现了"肺癌中晚期"。医生们这时才想起中医理论里早就说过："肺开窍于皮毛。"意思是，中医所讲的"肺"如果有问题，会反映在皮肤上，相反地，皮肤的状态好坏，和肺也有直接关系。所以很多能润肺的药物是有护肤、润肤功效的。

总体来看，南方女孩子的皮肤比北方的好，除了气候潮湿之外，还有一个原因是她们长年吃米，而北方人吃面的机会多。米是白色的，长在水里，是入肺经的，而且性质比面要凉，很多有慢性胃病的人，吃米饭就犯胃病，即便是米饭做得很烂仍旧会诱发他们的胃痛，就是因为米的凉性。相反地，老中医会给这些慢性胃病的人一个偏方，就是每天吃吃烤馒头片，因为面的性质比米温，烤过之后更温，所以烤馒头片除了具备老百姓说的消食的效果之外，还有一点点温补的作用，很多慢性胃病，比如十二指肠溃疡的人，真的是吃了几年的烤馒头片而病症大好的。

米的凉性和入肺经的特点，正好使它能够成为粮食中具备美容效果

的首选，能滋阴润燥，而且以糯米更好，可以将吃糯米变成饮食习惯，每次熬粥的时候都加点糯米，持之以恒，糯米的濡润特点就能显示出来了。

南方有个传统食物叫"糯米藕"，就是把水泡好的糯米塞在莲藕的孔洞中，再加上冰糖，放在锅里蒸熟之后切片，这是很多饭店的凉菜，也该是想保持皮肤润泽的女士的小零食，因为糯米和藕都有滋阴润肺的作用，肺滋润了之后，它所主的皮肤也滋润了。

鸭肉是动物肉中性质最凉的一个，之所以现在流传的鸭子的经典烹饪方法是北方的烤鸭和南方的盐水鸭，一个是要通过烤制的过程，遏制鸭子的凉性；一个是用盐腌渍，因为盐是温性的，咸味入肾经，盐水鸭的凉性也有所缓和。鸭子是在水中长大的，类似长在水中的稻米，所以没有上火生燥的问题，加的玉竹和沙参都是入肺经的，帮助鸭肉张扬其润肺的作用。动物蛋白是优良蛋白，想保持皮肤的弹性，优质蛋白是必不可少的，其中鸭肉就兼顾了补充蛋白和补水的作用，因为它可以不上火。

在中成药里，有个"养阴清肺糖浆"，这是古人最早治疗白喉的方子。中医治病，不管是什么疾病，主要是通过症状来辨认其属于阴虚还是阳虚，属于火还是属于寒，如果都属于阴虚，无论是能危及生命的白喉还是其他一般的呼吸道感染，用的药物可能都是滋阴润肺的，因为中医是治人，不是治病，人的阴阳平衡和谐了，疾病自然就痊愈了。

这个从治疗白喉开始的药方，现在是春秋干燥季节呼吸道感染时常用的，特别是中医自己，只要感到口干，嗓子发干，甚至皮肤也开始发干了，这个喝起来味道不错的糖浆就开始用上了。从他们的临床经验看，这个药治疗呼吸道感染仅仅起到的是辅助作用，因为它的药力显然有些薄弱，但是用在改善肺和皮肤的干燥状况上，效果就很明显了。一般情况下，一天一瓶的量，第二天就会觉得各种干燥症状减轻，无论是嗓子还是皮肤，因为"肺开窍于皮毛"，这个能润肺的养阴清肺糖浆也有给皮肤补水的作用。因此，春秋季节，特别是春天，特别是干燥的北方，这个药应该家里常备。

关于除皱，特别值得一提的是，有的化妆品用上之后，皱纹几天就消失了，如果有如此"神效"，你就要特别当心了，因为只有雌激素具备这样的去皱功能。雌激素除了维护女性的生殖功能和性别特征之外，还有一个作用就是保持皮肤中的水分，而且雌激素可以透过皮肤吸收，很多女性无意中将医生开给的含有雌激素的药膏，用在有皱纹的地方，很快就能产生"意外"的抗皱效果，她们就以为找到了延缓衰老的"灵丹妙药"。事实上，雌激素用量一过，直接带来的就是妇科的恶性肿瘤，以及乳腺癌的高发，你在"享受"其抗皱神效的同时，必须冒罹患癌症的风险。因此，即便雌激素有这样的效果，也绝对不能用于日常的美容驻颜，而且要对可以速效抗皱的产品多一份警惕，因为很多无良商家早就了解了雌激素的这一功效。我认识的很多妇科医生有个经验，不去购买一般美容院的自制产品，就是担心里面添加了不知含量多少的雌激素。

水润美人补水食单

早餐——百合糯米粥

干百合15克，糯米50克，莲子10枚，先一起浸泡半天，之后放沙锅中文火炖烂，加冰糖或者蜂蜜，再加一勺黑芝麻，把这个作为每天的早餐。

零食——银耳莲子汤

银耳四五朵，莲子10枚，浸泡半天，凉水下锅，炖到银耳的黏性出来就可以自己调味了，加冰糖或者蜂蜜都可，这个可作为每天的零食。

饮料——麦冬乌梅水

麦冬10克，乌梅2个，开水冲泡，盖盖子焖5分钟后加冰糖或者蜂蜜，当茶饮。

主菜——沙参玉竹鸭

沙参15克，玉竹15克，鸭子洗净焯去血水，与沙参、玉竹同时下锅，炖至鸭肉软烂即可。沙参、玉竹也可以吃，而且整个汤的味道很像香米，不用加其他调料，只放盐就可以。

紧致：精致的线条在于身体内部的抗衰老

有句话说，"没有皱纹的祖母是可怕的"。其中暗含了一层含义：人造的青春是缺乏真实的美感的。人可以通过拉皮手术把面部的皱纹拉熨掉，但是不可能改变的就是面部线条不再紧致，脸开始变形了，比年轻时要显得浮肿。所以现在针对40岁女性的护肤品都在推广使皮肤"提拉紧致"的概念。事实上，这通过皮肤的外在护养是很难做到的，因为女人变得不紧致可能是一种疾病状态，也可能是真正衰老的开始，所以要想保证精致的线条，必须从抗衰老做起，甚至从治病开始。

⊙女人变老，面容先胖

大家熟悉一种病，叫"甲亢"，全称是"甲状腺功能亢进"，这种病女人得的多。从外观上看，这种人普遍消瘦，脾气暴躁、神经质，严重的时候是精瘦精瘦的，眼睛也显得凸出。她们的面部倒是不会松弛，但会因为身体缺少水分，整个人的曲线都变硬了，因为脂肪和水液都不足，不能使女人的曲线保持柔美。

其实，还有一个和它相对的疾病叫"甲低"，全称是"甲状腺功能低下"，症状也和"甲亢"是相反的。首先，人变得臃肿、曲线模糊，特别是面部，显得不再紧致了，其他的症状当然还包括怕冷、容易疲劳，甚至周身都变得臃肿，人的反应也迟钝了，总之和"甲亢"的症状截然相反，它的病因也是出在甲状腺上，而且"甲低"发生的机会要多于我们熟悉的"甲亢"。

现在的调查显示，40岁以上的女性，有10%的人有"甲低"的问题，这是个很高的发病率了，但是因为这个病没有"甲亢"那么显著，那么为大家熟知，所以很多人得了"甲低"很久都没意识到，只是发觉

自己比以前胖了，臃肿了，皮肤不紧致了，显老了，但是不知道，这已经是一种病了，怎么可能通过抹护肤品来改善呢？

甲状腺是一个蝴蝶形的小器官，仅6克左右，位于脖子的气管前，正常情况下，用手是摸不到的。甲状腺产生两种激素——甲状腺素和三碘甲腺原氨酸，这些激素可以调节人体的代谢，人身体上的生老病死、心理上喜怒哀乐都与甲状腺有关，甲状腺激素分泌多了，人就亢奋，身体就因为消耗而消瘦，就是"甲亢"；分泌少了，人就消沉，身体也会因为代谢能力不足而臃肿、发胖，皮肤也总是凉凉的，很粗糙，缺乏弹性，这就是"甲低"。

遗憾的是，人们会把这些变化，特别是因为"甲低"出现的症状，归结为上有老下有小的生活压力，归结为上了年纪，归结为中年发福，或者只是在化妆品上做文章、找办法，没觉得自己的皮肤出问题。面部变松弛是疾病的问题，因此贻误治疗时机。

一定不要小看"甲低"，它不是只使你皮肤不紧致，到了重度时情况是很吓人的，会出现"黏液性水肿"面容，就是我们说的脸变得浮肿，睁眼都费劲，而且皮肤变得粗糙，头发也脱落，甚至眉毛都受到影响，1/3出现脱落。表情也会很淡漠，原来很机灵的人，变得对事物反应迟钝，要么就总觉得困，嗜睡，要么就是失眠，不想吃东西，大便还秘结，做点事情就觉得气短乏力，性欲也会明显减退。

所以，女性在35岁以后，应该每隔5年抽血检查一次甲状腺激素水平，防止"甲低"这个无声的杀手侵害。如果患上了"甲低"，就可以治疗，这是比"提拉紧致"的护肤品更有效的美容办法。

如果你在下面问题的回答中，有5项或5项以上为"是"，有可能你患有"甲低"，请找内分泌专科医生确诊。

1. 我感到疲乏，常常犯困，体力和精力不足。

2. 我的大脑思维迟钝，注意力很难集中，记忆力下降。

3. 体重增加了。

4. 皮肤变得干燥，指甲变得很脆、灰白易折断。

5. 常常觉得冷（即使其他人觉得很舒服的时候也是如此）。

6. 情绪低落、抑郁。

7. 代谢慢了，有时还会便秘。

8. 肌肉和骨骼僵硬疼痛，手感到麻木。

9. 血压增高或心跳变慢了。

10. 胆固醇水平增高了。

⊙一旦是"甲低"，治疗要终生

一旦确诊"甲低"，治疗并不困难，只是可能需要终生治疗，不能间断，每天需要吃一片药，而且每年最好到医院去检查一两次，查一下自己补充的甲状腺素的量够不够、合适不合适。因为随着年龄的增长，青春期、妊娠期、老年期对甲状腺素的需要量是不同的，在特殊的时期是需要作稍微大一点的调整的。

"甲低"和"甲亢"不同，虽然"甲亢"也没有治愈这一说法，只能是缓解，有的人一生会复发很多次，但一般是要在复发时再开始治疗，平时不用吃药。但"甲低"不同，"甲低"了以后，你的甲状腺细胞被破坏了，这个功能没有了，再也找不回来了。所以需要终生补充外源性的激素进行替代治疗，否则会感觉不舒服，包括疲倦、臃肿也会出现，所以这种替代是终生性的。就像得了1型糖尿病的人一样，他们必须终生使用胰岛素，每次吃饭之前都要打，因为他们的胰岛没有分泌胰岛素的功能了，必须借助外力。

中国人有"是药三分毒"的说法，总觉得药物是能不吃就不吃，能少吃就少吃。这个道理宏观上是对的，但也要具体问题具体分析，对这种缺乏胰岛素，缺乏甲状腺素的人，胰岛素或甲状腺素必须要终生补充，这不牵扯到毒的问题，也没有产生依赖性的可能，因为你本身没有这种功能，补充进去的是你身体可以自己合成的生物性的东西，而且正好是你身体所需要的。

引起"甲低"还有一个原因就是过去食物中的碘缺乏，由此造成甲状腺不能正常工作。但现在这个问题基本上不存在，在大城市，我们的食盐加碘已经有过之而无不及，只是因为缺碘带来的"甲低"，至少在大城市是少见的。但是，"甲低"的人还是可以多吃含碘食物的，最简单的就是海带、紫菜，所以如果有人说，海带、紫菜是抗衰老、美容的，我倒是可以从它们改善"甲低"的角度相信。

现在的问题是，有些人，当然是40岁以上的女性，虽然有水肿、臃肿的问题，觉得自己像"甲低"，但去医院检查却没发现问题，这种情况也不要掉以轻心，因为还有一种情况是"亚临床甲状腺功能减退"。虽然这个时候甲状腺激素尚在正常范围，但上一层的神经系统，就是能促进甲状腺素分泌的"促甲状腺素",已经出现异常了,它早晚要殃及甲状腺的分泌。一般情况下,这种暂时的太平有的人可以维持2年左右,之后就有可能进入真的"甲低"行列了。

这样所谓的"亚临床"情况在生活中常见,有的人睡了一夜觉醒来,突然发现自己的大脚趾红肿热痛,而且怎么也回忆不起前一天有扭伤的历史,这种情况你如果去医院,就不要去骨科了,而应该去内科。这种莫名其妙的脚趾问题大多是"痛风"的典型首发症状,是"痛风石"沉积在脚趾的结果,这不是骨科的病,而是内科的病,甚至更细分的话,是代谢性的疾病。但我也遇到过一个这样的病人,脚趾红肿得和痛风发作时无二致,但去检查,尿酸却是正常的,我就嘱咐她过一段时间再来,结果在3个月后,终于发现了痛风的特异性指标血尿酸异常了。

造成这种问题的一个原因是,人体的功能变化要早于器质的变化,而医院仪器能发现的一般都是已经成了事实的器质性改变,而功能期的变化,只能靠病人自己提高警惕。另一种原因就是无论是臃肿者自己,还是医生,思维都受牵制,比如"甲低",虽然发病率不低,但早发现的很少,就是因为医生对这个病不熟悉,诊断的时候根本没往那上边想,更何况症状更不明显的"亚临床甲状腺功能减退"了。

我们总是说医院的分科太细影响疾病的诊断,其实,不是分科问题,而是医生的视野问题。北京人民医院耳鼻喉科的余力生主任是留德的博士,水平很高,有一天他接待了一个来看鼻子的病人,病人觉得自己是鼻炎,总是不通气,这位主任观察了一下就马上让他转到胸外科去,因为他担心病人的鼻子不通是由于胸膈里有了占位性病变压迫导致

的，通俗地说，他怀疑病人的胸腔里长了东西。果不其然，胸外科的诊断证实了这位耳鼻喉科医生的猜测：纵隔肿瘤！他的鼻子感觉异常其实是肿瘤压迫导致的。如果是这种水平的医生，即便分科再细，一个以疲劳为前兆的疾病也会被抓到蛛丝马迹。

再说回"甲低"，既然它在40岁以上的女性中发病率高达10%，那么，虽然指标正常，但症状上却有嫌疑的人，更要经常监测甲状腺激素的水平，预防"甲低"的发生，这比花心思在皮肤表面的抗衰老上意义重大多了。

⊙清晨眼睛肿，不是水喝多了

我认识一个朋友，她的脖子比正常人的显得粗，好像甲状腺有点肥大似的，所以经常被人问及是不是有"甲亢"。但是去医院查，指标是正常范围的上限，只是这个人精力比其他人都旺盛，性格很急，是个闲不住的人。而且看上去比其他人年轻、有活力，即便是遇到不顺利的事情，她也能很快调整自己走出阴影，总之永远给人一种阳光的感觉。我就和她说，她这一切超常的年轻表现，其实可能就和她的甲状腺有直接关系。

甲状腺激素很像机体的"活力素"，类似中医里"阳气"的作用，也就是生命的生机。所以，"甲低"的时候有点像未老先衰，很多衰老症状都会随之出现，因为活力素分泌不足，导致火力不足，脏东西代谢不出去，首先出现的就是高胆固醇血症、高甘油三酯血症以及高 β-脂蛋白血症，很多老年人才有的比如动脉硬化症、冠心病都提前到来了。如果你了解这个规律，从面容变得臃肿开始关注自己，可以将危及未来健康的问题及时控制住。

虽然面部不紧致是女性衰老的开始，但是有的女孩子虽然没有不紧致和臃肿的问题，但时时会水肿，而且她们往往把这个问题归结为临睡时水喝多了，为此，晚上一点水都不敢喝。事实上，这种水肿和饮水多少没直接联系，问题还是出在了激素分泌的平衡上。

本书中我讲过了，雌激素是女性女人味的前提，具体到皮肤，雌激素能保持其中的水分，所以雌激素分泌正常时，女人会显得年轻、滋润、水灵。但是如果雌激素的这个优点发挥过了头，水液的停留就要增加。比如没有原因的水肿，很多人视为"原发性水肿"。所谓"原发"，就是没有其他原因引起的，不是肾的问题也不是肝的问题引起的水肿，最后一般都归结为女性体内激素的分泌不均衡，比如雌激素多了，保水的优点发挥过了，就把人的皮肤从"水嫩"变成"水肿"了，但这至少说明你还处在雌激素分泌的旺盛期。

这种状态在月经来之前一般会出现，因为那时候雌激素分泌最多，所以月经前的女性会觉得自己不好看，眼泡是肿的，体重也会增加，如果是这种情况的水肿，倒可以在食物上找办法，比如"红豆薏米粥"、"鲫鱼冬瓜汤"，红豆、薏米、冬瓜都是利湿的，都有很好的消肿作用。

面部浮肿还有一个原因，是肺气闭住了，因为中医讲的肺是开窍于皮肤的。

我们都有这样的经验，感冒的时候面部的皮肤也会有点浮肿，如果你还咳嗽严重，肿得就会更明显。很多人以为是咳嗽震的，其实是因为咳嗽是比感冒更为严重的肺气不宣，肿就是肺所主的皮肤被闭住了，水汽散不出去的结果。所以，要想减轻浮肿，除了前面说的增加水液代谢能力之外，还要保持肺气的宣发，如果是感冒了，自然需要吃解表药，感冒好了，身体轻松了，你会发现肿也消了。如果没有感冒，早上起来总有点肿，最好的办法是运动一下，养成每天晨练的习惯，比如慢跑一两千米，坚持下来，争取使自己能出点汗。人一出汗，肺气就宣开了，把水液封闭在体内的毛孔也随体温的升高而舒张了，水汽散出去，你的浮肿也就减轻了。

⊙沿用了2000年的"皮肤紧致剂"

很多情况下，"红豆薏米粥"也好，"鲫鱼冬瓜汤"也罢，并不能解决所有原发性的水肿问题，特别是程度严重的时候，这时候就要求助于药物了。有个经典的方子可以使这种因为"甲低"或者未老先衰的女人皮肤重新紧致起来，这就是汉代名医张仲景的"五苓散"。

这个药很简单，也很便宜，就五味药：茯苓、猪苓、泽泻、白术、桂枝。张仲景在原方中没有标明它的美容功效，只是说"渴欲饮水，水入则吐者，名曰水逆，五苓散主之"。这个人的症状是矛盾的，口渴，想喝水，但喝水进去之后又要吐，这种矛盾的症状就说明了这个方子的治疗潜力。

我有一个研究张仲景《伤寒论》的同学，到非洲去做艾滋病的中药研究，当地缺医少药，中国的医生都得是全科的，什么病都得看。有一天，来了个非洲胖女人，她得了"尿崩症"，每天得去几十次厕所，而且每次小便量都不少。

按照西医学的理论，"尿崩症"是因为大脑的垂体出了问题，治起来是个棘手的事，总之是要通过药物使她的尿减少。如果在中医，一般的医生都要用酸收的办法止尿了，所以她也吃过用金樱子、覆盆子等组成的药，也吃过"五子衍宗丸"，这些药都是中医用来治遗尿的。"覆盆子"，顾名思义，吃了这个药，尿盆就可以扣过去不用了，但是对这个胖女人无效。我这个同学就给她开了"五苓散"。旁边的人一看方子就吓一跳，因为猪苓、泽泻、茯苓都是利尿的，这个人现在已经一天几十次小便了，吃了猪苓、茯苓、泽泻之类的利尿药，还不得站不起来了？但是，这个病人吃了两天之后，小便就真的少了，再吃，众人很惊奇，谁也没想到利尿药居然把尿给止住了。

其实，这就是张仲景"五苓散"的精华所在！其中除了利尿药之外，还有一个桂枝，桂枝是做什么的？就是温通阳气的，这个人之所以喝多少尿多少，就是因为没有阳气去蒸化水液，所以一边是水液原封不动地尿出去，一边是怎么喝水也解不了的口渴，关键是喝进去的水根本没被身体所用。

用利尿的茯苓、猪苓、泽泻，是为了去除喝了过多但又排不出去的水饮，这些水停在体内可以抑制阳气的升发。比如，有的人感冒了，或者尿路感染了，知道多喝水，结果感冒或者感染倒是好了，但胃却喝坏了，发热好了之后总觉得有水汪在胃里，这就是因为过多的水液折伤了阳气。用桂枝就是为了帮助恢复被喝水再次伤到的阳气，阳气恢复了，就能蒸化水液了，而且也可以防止以后的水液潴留。

打个比方，在自然界，水蒸化了就成了云，在人体，水蒸化了就可以滋润全身，或者说为全身所用，渴也就止住了。"五苓散"的价值在于，不仅用了利尿的中药，把多余的水排出去，更重要的是，用了可以帮助水分蒸化的桂枝！它可以使喝进去的水，变成有利于身体的"云"！

对晚上喝点水就眼睛肿、脸肿的女孩子，其实不是喝水多的问题，而是她们体内的能量没有蒸化水液的能力，某种程度上和那个尿崩的女人是一个病理，这个时候要用桂枝来帮助。兼顾了利水和温阳，并且药性很平和的"五苓散"，其实是个可以使女性面部紧致的药物，它比前面所说的"红豆薏米粥"的功效要大，因为红豆和薏米是食物，而且性质很平和，能解决的是寒热不明显的、程度比较轻的水肿，如果这个人面部臃肿的程度严重，而且有虚寒的性质，比如不愿意喝水，或者虽然口渴，但只能喝很少的水润润嗓子，否则就觉得水汪在肚子里，而且从来不敢喝凉水，这就是虚寒了，就可以用"五苓散"了。

这种药现在药店有成药可以买到，可以根据说明书服用，一天两次，一次6~9克，如果身体较胖，体重较高，可以稍微增加用量，每天可以服用3次。如果只是觉得自己有面部臃肿的问题，想借此改善，可以减少用量，一天服用一两次，每次6克就可以。

"五苓散"里的桂枝也提示我们，很多温性的调味品是可以用在生活中，逐渐地、点滴地改善虚寒体质的，比如和桂枝效果类似的桂皮，就是我们炖肉时常放的作料，还有生姜，都是女性特别是年过40的女性应该常吃的。特别是当你发现自己的皮肤开始松弛，甚至出现了和年龄不相符的臃肿，桂皮、生姜能点滴地补助阳气，通俗点说就是，它们能增加身体的代谢率，帮助水液蒸化出去。

也是因为这个原理，有喝咖啡减肥的说法，这当然指的是纯咖啡。大家都知道，喝了咖啡之后人变得兴奋，有精神了，但它缓解疲劳的效果不是因为吃进来的能量，不是因为给身体充电了，而是因为对身体原来的库存实施"竭泽而渔"，这个"竭泽"的方式很适合阳气不足，或者阳气被困住的人，咖啡的减肥作用也是在这个"竭泽"的过程中，通过增加脂肪的燃烧，增加机体代谢来达到的。

所以，如果你是个越来越臃肿、越来越懒惰的胖子，每天上下班前可以先喝一杯纯咖啡，注意，不要加糖和奶！否则等于又补充进了热量。只喝纯咖啡，一方面你会觉得振作一点，一方面会使你的代谢增加一点，用这样的方式喝咖啡，其实能起到"五苓散"中桂枝的作用，等于给咖啡赋予了药茶的价值。

如果已经是明显的"甲低"了，虚寒的症状比适合吃"五苓散"的人还要明显、严重，她们在皮肤变得臃肿的同时，会有严重的怕冷，以前可能到了冬天都不穿毛裤，现在变得穿了毛裤还是冷，这就要补肾了。

前面的"五苓散"主要是补脾，脾阳虚的程度比肾阳虚轻，用的热药不那么燥烈，到了肾虚的时候，肿会加重，更重要的是怕冷的程度加重，这个时候吃"五苓散"就显得作用弱了，要用到"金匮肾气丸"、"附子理中丸"，总之都是平时吃了会上火的药物，通过身体微微增加的火力，把没代谢出去的东西代谢出去，面部的臃肿也会随怕冷的减轻而减轻，而这，也是中医正宗减肥的原理所在。

紧致小贴士

1. 清晨慢跑1000~2000米，令身体微微出汗为度。

2. 红豆薏米粥：红豆25克，薏米100克，可略加大米少许以增加粥的黏度，在水肿明显的时候每天保证喝一次。

3. 鲫鱼冬瓜汤：鲫鱼去内脏、鳞，清洗干净；冬瓜一斤，带皮；生姜一大块，带皮，与鲫鱼一起下锅同煮，开锅后加少许黄酒，至鱼肉软烂即可吃肉喝汤。注意：调味时盐要少加，避免增加水肿程度。

下垂："刮痧"能把下垂皮肤提上去

不知道从什么时候起，胶原蛋白成了美容的新宠，我认识的很多人，花大价钱买了胶原蛋白的口服液喝，目的就是美容。她们依据的原理很简单：胶原蛋白是猪蹄、猪皮里含量最多的物质，吃猪蹄有美容的效果就是因为胶原蛋白呀，那么，索性干脆直接吃胶原蛋白，不就能效果更直接吗？

其实，这是个有些滑稽的弥天大谎！

⊙胶原蛋白吃不到脸上

首先，吃猪蹄的美容经验，估计来自吃的时候留在手上的猪蹄残渣，能让手感到紧绷绷的，这个生活经验似乎就是吃胶原蛋白美容的预期效果吧？要说明的事实首先是：身体里含有胶原蛋白的组织很多，不仅有皮肤，还有骨头、头发、指甲、结缔组织、软骨组织等，补充进去的胶原蛋白不可能准确定位在皮肤上，更别说是面部皮肤了，不管是吃胶原蛋白还是吃猪蹄，都面临同样问题，就是对整体胶原蛋白的补充，而没有针对性。

另一个问题是，就算吃进去的胶原蛋白被脸上的皮肤利用到了一点，那么，是不是每个皮肤不够润泽、有皱纹的人都适合吃？这就牵扯到了胶原蛋白的吸收问题。

在中医理论里，食物和药物一样是有性质分类的，像这种富含胶原蛋白的食物性质一般是滋腻的。比如已经确认有美容效果的阿胶，就因为性质滋腻而在使用上有很多讲究。它要和黄酒放在一起去蒸化，这是吃阿胶的一个最基本的讲究，用黄酒的温散作用减轻阿胶的滋腻，防止阿胶单独使用时"碍胃"，更多的时候，阿胶是要同时配合服用与胃作用的药物的。

"碍胃"是个中医术语，就是影响胃口的意思，胃口受到影响，再好的营养也吸收不到身体里。所以名医开补药的时候，一般先试一两服，要看病人吃了之后有没有胃口变得更差了，"碍胃"的问题有没有出现。如果有，要调整药剂。一般会增加陈皮、半夏、桔梗之类能理气

的、能增加动力的药物，使滋腻而偏于静态的阿胶或者其他补药活跃起来，不至于黏滞在胃里不被消化。

如果本身就胃口很差，舌苔很厚，即便需要吃补药也要先清了舌苔再说，医生会嘱咐你去吃点"二陈丸"、"保和丸"之类的，等舌苔干净了再进补，特别是阿胶等胶质类的药物，这种清理胃肠，"打前战"的药物是必需的。

"男补阳，女补血"，这是中医保养调理的大法，补血对女人很重要，始终提倡补益的金元名医李东垣自然认同此法。但是，有统计发现，在李东垣的64首妇科方剂所用到的116种药物中，有39首方剂中使用了当归，占60.9%；有28首方剂中使用柴胡，占43.8%；有24首方剂中使用炙甘草，占37.5%，而被现在女人最看重的阿胶并不在其列，为什么？就是因为，"气为血之帅"，没有气的统率，补进去的血也是死血，不能为人体所用。从这个原理上也可以看出，单纯地补血，或者是单纯地靠性质滋腻的食物药物去补血，是有可能欲速而不达的。

胶原蛋白的滋腻性质和阿胶一样，暂且不说能不能直接吃到面部的皮肤上，如果你本身是个湿气很重、胃口很差的人，吃了之后"碍胃"的发生是肯定的，虽然它里面真的含有足量的胶原蛋白，对它的吸收也就可想而知了。凡此种种说明两点：

1. 胶原蛋白不可能直接作用在面部皮肤。

2. 不是所有人都能吃胶原蛋白的，吃的前提是：胃口不错，消化能力正常，舌苔很干净，非此，肯定欲速则不达。

⊙果蔬面膜吸收不到脸上

那么，胶原蛋白做成的面膜效果又如何呢？这个结果更令人失望，因为皮肤有个特点，只能透过皮肤吸收一些分子很小的物质，而胶原蛋白是个不折不扣的大分子！

皮肤是身体的第一道屏障，所以它首要的功能不是吸收而是屏蔽、阻挡！就是对外来的物质要有选择地吸收，否则，我们去海里游一次泳，就会因为对盐分的吸收产生"爆腌"效果。其一，皮肤不可能让大分子的物质透过皮肤；其二，皮肤能吸收的一般是脂溶性的。这就得出了一个结论：胶原蛋白这种大分子，就算做成面膜贴在脸上，最多能达到的是对皮肤的洁净作用，想要通过这种方式将因为缺少胶原蛋白而出现的皱纹抚平是绝对不可能的，因为皮肤根本无法吸收。之所以有的人用了之后还是觉得自己变年轻变漂亮了，有两个因素，一个是皮肤被彻底清洁了一次。因为很多微小的皱纹其实是因为角质层堆积造成的，通过面膜，特别是胶原蛋白这种清除能力很强的面膜，能起到的是对角质层的清除作用，细小的皱纹也因此消失了，所以感官上看着有去皱效果。另一个是，美容之后人多少会换一种心境，此时再看镜子里的自己是带着期待的，相对乐观的。所以，这种感觉还来自审视自己的心理角度变化了，就像心情好了之后，看什么都顺眼一样。所以，更加客观地应该说，胶原蛋白面膜其实不是敷在脸上的，而是敷在心里的，其实更多的是种心理安慰。

皮肤的这个特点同样可以推演到其他面膜，很多人喜欢用黄瓜、苹果之类的做"果蔬面膜"，期待果蔬中的维生素C能透过皮肤被吸收。还是上面的原则，皮肤能吸收的营养物质必须是脂溶性的，这种含在水中的营养素不可能被吸收。所以我们用的化妆品一般都是"水包油"或者"油包水"的形式，就是为了使化妆品中的营养物质，比如维生素C之类，通过这种脂溶的形式为皮肤吸收。因此，这种果蔬面膜起到的最多是局部保湿、补水效果，而不是营养素的吸收滋润效果。

其实，生活中最简易又有效的面膜是牛奶，因为牛奶含脂肪，其中含有的维生素可以通过牛奶这种脂溶性的方式透过皮肤被适度吸收，因此，你可以在每天清洁面部或者桑拿之后，将一袋鲜牛奶一点点地涂在面部或者全身。干了以后再涂，使牛奶在皮肤上停留的时间尽量延长。这个过程中，牛奶中含有的营养素就可以被皮肤吸收了。所以史书中常记载皇后、高官夫人用牛奶洗澡美容，从皮肤生理学上，确实是合理的，至少比吃胶原蛋白和果蔬面膜能使皮肤有更多收益。

⊙把下垂的皮肤刮上去

皮肤下垂是自然衰老的现象，是皮肤失去弹性造成的，这个问题出在了皮肤的真皮层。这一层里包括支撑皮肤使其显得圆润的胶原蛋白、弹性蛋白，它们随着年龄的增长，经历了日积月累的日晒受损并逐渐变薄，功能也随之减退，皮肤因为失去支撑就垂了下来。

老年人的皮肤会越来越薄，即便是个挺胖的老年人，皮肤也和透明的一样，就是因为他们的真皮萎缩了，即便脂肪还丰富，但最具有弹性的那一层萎缩了。所以用手把皮肤揪起来之后再恢复原状，需要一定的时间。这是衰老的极致，而真皮层从变薄开始，人就开始出现老态，皮肤变薄、没有弹性乃至下垂一般是同时发生的。只有你的身体处于一种代谢旺盛的年轻状态，面部的下垂才会缓慢发生，在这个基础上，倒是可以实施一些针对面部的局部手法。

中国传统的"刮痧"疗法经常被介绍到国外，特别是日本，日本对刮痧的推崇远高于国人。我的大学同学在日本讲课，她有个日本学生很用心，自己给自己的面部做实验，一边的面颊每天用刮痧板从下往上刮，另一边不刮，这样坚持了3个月后自己拍了张照片寄给中国的老师，结果非常明显，接受了3个月刮痧的那边面颊明显地紧致、上提，而那边没有实施任何治疗的面颊，就显出了下垂松弛。

通过面部刮痧减轻皮肤下垂是有医理支持的，就是使刮痧的这部分皮肤肌肉血液循环通畅。通畅的血流对胶原蛋白、弹力蛋白的灌注就可以更加充分，这些起支撑作用的真皮，因为血液供应充足，所以得以保持弹性的功能。前英国王妃戴安娜透露过她的美容细节，其中之一就是每天在涂抹上护肤品之后进行轻微而持久的拍打，以求驻颜。慈禧有一块专门用来磨面的玉石，每天用它按摩面部，据说也是慈禧红颜常驻的原因……其实，这些都是通过局部的皮肤刺激，增加血流灌注，保证真皮层弹力蛋白的活性，只是这个日本人的实验更显著地证实了这点。

前面说了，面部皮肤的保养是以全身肌肤的良好状态为基础的。保证身体整体的血液循环通畅，营养物质输送正常也自然是美容护肤的大前提。因此，这种刮痧最好能结合运动一起进行，这样可以使旺盛的血液更好地上荣面部。

比如每天早上慢跑20~30分钟，让心率增加40%。也就是说，如果你原来是每分钟80次心跳的话，慢跑之后最好能提高到110次，这个运动量对女性逐渐地改善体质比较合适。

此时，身体的活力已经被唤起，血液循环开始加速，全身的新陈代谢开始了，你自己也会觉得脸上发红发热。这个时候，正好趁热刮痧，将正要上荣于面的气血直接导引到面部皮肤，等于在刚织好的锦上添了一朵花，这样每周保持三四次，面部皮肤的下垂问题会明显好转。

⊙阳光能把皮肤晒松弛

抛开身体整体因素，能支撑皮肤不出皱纹、不下垂的"骨架"是真皮层。这一层所含的胶原蛋白、弹性蛋白，最容易受到的影响就是日晒，特别是叫做"UVA"的"长波紫外线"，它也叫"晒黑段"。这个波段的紫外线可以直达真皮层甚至皮下组织，除了把人皮肤晒黑，而且还能把"骨架"破坏，让色斑出现，皱纹早生。现代人比他们以前的同龄人要显得年轻，皮肤显得细嫩，就是因为现代人户外活动的时间比过去靠体力吃饭的时候要短得多，日晒的伤害少了很多。所以，要想皮肤保养好，少生或者晚生皱纹，你针对皮肤所能做的，就是防晒，而且要防止这种长波的。具体到防晒霜，要买标注能防"UVA"的。

很多人觉得，我今天不出去，待在家里或者整天坐在办公室就不用防晒了吧？其实完全错了！因为玻璃能够隔掉的只是短波，"晒黑段"

的紫外线是长波的，所以对你的日晒伤害照旧，也就是说，你虽然身处遮风避雨的"温室"，但未必能得到"温室花朵"的娇嫩效果！所以那些搞美容的或者靠面子吃饭的演员、模特，是一年四季，无论室内室外都要防晒的。我见过一位美容专家，年过50岁了，皮肤仍旧很好，她从一座楼出来到对面的楼去，中间也就十几米的距离，也都要打伞，绝对不给自己一点暴露在阳光下的机会。

防面部下垂刮痧法

工具

刮痧板：现在市面上就有销售的，是面部专用的，接触皮肤的那一面厚而钝。玉石质地更好，质地细腻，对皮肤没有伤害，而且玉石的凉性对皮肤也起着冷敷效果。

刮痧油：可以买专门的刮痧油，一般是凡士林之类的，也可以用纯净的橄榄油。

做法

清洗面部后，用刮痧板蘸刮痧油从下颌骨往上刮至颧骨，可以分前中后3个部分——往上刮，能感到力量是轻缓地穿透皮肤，并逐渐使皮肤发热为度，如此反复刮，持续3~5分钟，早晚各一次，每周坚持3~4天。

注意事项

一定要在彻底清洗面部之后再刮，否则会帮助脏东西渗进皮肤，刮痧之后再次清洗后再涂上护肤品。

气色：补气养血，给脸色"扫黄"

　　"黄脸婆"这个审美概念是中国独有的，因为气色不好，面色发黄的女人太常见了，特别是当她们开始衰老，开始脾气虚，发黄的气色就更常见，这是中国人身体上的薄弱环节。为此，中医在创始之初就特意强调"脾为后天之本"，脾的"职称"之高，仅次于"先天之本"的肾，所以补血，改善"黄脸婆"的状态，一定要兼顾到补气，特别是补脾气。

⊙ "黄脸婆"多是血虚的女人

　　"男补阳，女补阴"、"男精女血"、"女子以肝为先天"，这是一般的认识，所谓阴其实就是阴血。肝主藏血，"以肝为先天"，也就是以血为养生之本。所以，很多人一说到女人补养，就首先提到能补血的阿胶，吃着阿胶似乎就能想象出自己逐渐变得红润的面容，这确实合乎中医原理，因为血虚的女人一般都有"黄脸婆"的嫌疑。

　　"黄脸婆"除了气色不好之外，还有很多身体上的问题，即便刚刚30岁，但很容易疲劳，特别是下午容易没精神，如果赶上开会，室内空气不好，又要头痛、疲惫了。头痛之所以容易发生在下午，就与她们的气血虚弱有关。

　　中医有个理论，"烦劳则张"，意思是，劳累之后症状加重。很多女人累了之后疲惫、头痛，甚至发低烧，都符合这个理论，都提示她们的体质虚弱，而且主要是气血虚。这种人的美容护肤是要从身体抓起的，否则只是表面文章，具体说就是要补血。

我就遇到过这样的病人，疲劳、面色不好，从颜色到肤质都不好，而且显得比同龄人憔悴。她的护肤品一年四季都用油脂的，就是平常人用了之后抱怨太油腻、泛油光的那种，为的是使自己没有光泽的皮肤显得润泽一点。但即便如此，到了下午，护肤品中的油脂所剩不多时，她就又变得像枯萎的"黄脸婆"了。去看中医，每次诊断一般是血虚，但去查血，并没有明显的贫血指标，血红蛋白不低，她就问我："既然不贫血，还用补血吗？"

我告诉她，要补。因为中医的"血"包含的意义，比西医的"血"要广泛得多，其中首先包含了"气"。

"气"，是中医独有的概念，西医里面有血，有水液，但唯独没有"气"。中医所说的"气"，简单地概括就是功能和能量的意思。比如，我们说一个人死了，俗话会说"没气了"，而不会说"没形了"，因为死人是可以身体完好的，五脏俱全，但功能却完全丧失了。所以，人可以"瘦得脱形"，但和"没气了"比起来，还是后者更严重。这就是说，对生命来说，功能、能量比形态、结构更重要，因此补血离不开补气。

如果一个人气虚，即便他的红细胞正常，查不出贫血，但那些血细胞、血红蛋白也仍旧是死血，不能发挥功能。大约5年前，我在北京协和医院的ICU病房，和专家一起会诊一个因为脑出血手术后昏迷不醒的病人。那病人做了开颅手术，已经把脑子里出的血取了出来，但始终昏迷高热，神志不清。我们去的时候，他手术刀口的血迹还在，但翻在缝合线外的皮肤却干枯了，变得很焦很薄，好像不是活人身上的伤疤。去会诊的中医专家看了看病人状况，不乐观地摇头说："元气不行了，没火力了，气血双虚呀。"

陪他一起会诊病人的是协和医院的主治医生，他有些不解地说："这个病人刚化验的指标都还正常，并没有贫血的迹象。"中医专家指着病人的刀口说："就算是有血也是死血了，身体不能用，你看这里，都干了……"就在那次会诊后的第三天，那个病人带着一个都没有少的血细胞去世了。

可见，即便血细胞一个都不少，血红蛋白充足，从指标上看不出贫血，但只要没有"气"，指标合格的血仍旧不能被利用，仍旧是死血。因为中医认为"运血者气也，人之生也全赖乎气"，"血为气之母，气为血之帅"。要想使全身的血动起来，由死血变成活血，一定要有足够的气，就是说，器官脏腑的功能要强，才能推动血液。

"黄脸婆"这个审美概念是中国独有的，因为气色不好、面色发黄的女人太常见了，特别是当她们开始衰老，开始脾气虚，发黄的气色就更常见，这是中国人身体上的薄弱环节。为此，中医在创始之初就特意强调"脾为后天之本"，脾的"职称"之高，仅次于"先天之本"的肾，所以补血，改善"黄脸婆"的状态，一定要兼顾到补气，特别是补脾气。

如果你是个血虚的人，找到的是个水平足够的正经中医，他肯定不会单开补血药，也绝对不会让你只吃阿胶、大枣、龙眼肉，他更是绝对不会相信单纯的补铁，比如吃"硫酸亚铁"，因为那只解决了血这个

"母"的问题，还需要有个使血动起来的"气"。

因为单纯的补血药物也好，食物也罢，有时候只能使你不贫血，使你的血细胞指标达标，但不能改变你的血虚状况。你可以有并不异常的指标，但就是没精神、没力气，因为你功能不行，有点像"有米无炊"或者"米多火小"，饭是熟不了的。

所以，即便不贫血，只要属于中医的血虚，仍旧需要补血，而且一定要在补血药，比如阿胶、生地黄、龙眼肉之外，加上黄芪、党参之类的补气药，才能使血细胞背负氧气的能力增加，否则，就算是血细胞不少，但仍旧怠工或者不能负力，人也依旧会觉得疲倦，面色难看。

具体到这些"黄脸婆"，除了用阿胶之类的经典补血药，药店里就能买到的"补中益气丸"、"人参健脾丸"也是她们补血时离不开的"拐杖"。在秋冬季节，可以每隔一天吃一次，一次吃一丸，和缓地改变体质，给脸色"扫黄"。

⊙冬天是最好的"扫黄"季节

中医有个著名的补血方剂名为"当归补血汤"，对改善女性血虚、面色无光的状态非常有效。其中只有两味药，一味是当归，这是妇科"圣药"，补血作用极佳，所以中医妇科方剂有"十方九归"的规律，就是十张治疗妇科病的方子，有九张里面有当归，因为女性疾病向来离不开补血问题。另一味就是补气的黄芪。

有意思的是，虽然号称"补血汤"，但补气药黄芪的剂量却要5倍于补血药当归！这就充分说明，必须通过补气才能最终生血，气不虚是血不虚的前提。更重要的是，一个气血虚的女人，月经还经常拖延很久，本来就虚，失血再多，反过来加重血虚，为什么"黄鼠狼专咬病鸭子"？还是因为气虚，没有力气管束住血液了，所以月经拖延时间长，到最后颜色都变得很淡，质地很稀了。有了黄芪这个补气药来固摄血液，月经淋漓不尽、颜色浅淡等症状也会得到控制。

由"当归补血汤"衍化出来一个食疗方，应该是"黄脸婆"女人的"扫黄"专用："当归生姜羊肉汤"。这其实是张仲景的方子，距今有1000多年的历史。当初治疗的是产妇的产后腹痛，虚劳不足。这种产后的腹痛是虚性的，疼而且发空。这种情况在很多女性月经之后会出现，月经完了反倒肚子疼了，而且是发空地疼，想用手摁着，温着。平时就面色发黄，属于气虚血虚的女人月经之后都有这种感觉，这就是典型的虚寒性腹痛，由于血虚造成的，所以张仲景给了这个食药兼顾的方子，其中当归150克，生姜250克，羊肉500克，生姜用得多，也是要增加温散补气的作用，使当归的补血作用动起来。

如果是日常吃，可以不用顿顿都加当归，因为当归还是有特殊味道的，只要坚持吃，羊肉本身的补血作用也是不能小看的。一般情况下，这个汤应该从立秋之后就可以吃了，吃到开春前再停。之所以选择在冬天常吃，因为冬天人体的消化功能是很强的，夏天消化不了的东西，到冬天都能消化掉，正是通过食补改善体质，改变疲劳状态的大好时机。

还有一个可以通过补血达到养颜目的的药物，也可以称为食物，可以自己做，叫"益血养颜膏"，其中用了阿胶、核桃仁、大枣。阿胶颜色是紫色的，既补心又补肾。核桃仁长得就像人的大脑一样，既有补肾的作用，又有益脑的作用。大枣，外面是红的，里面是黄的，可以健脾胃。现在很多地方讲究吃膏方，就是立秋之后找个有经验的中医，根据自己体质的不足有针对性地调养，这个益血养颜膏相对地具有普适性，对自觉是黄脸婆的女人一般都适用。每年冬天，只要不是感冒发热的时候，这个膏可以长期吃，你会觉得疲劳减轻的同时，皮肤也有了光泽。

⊙抹在脸上的可以简单，吃进肚里的必须复杂

中国有句话叫"吃在脸上"，这也是我这本书起书名时的依据。意思是，一个人的面色、皮肤要好，关键是吃得好，或者说消化运用得好，能把有用的物质真的运输给皮肤，这个人的美丽才是生动的。这句话说起来容易，做起来很难，首先是能不能主动地去吃有价值的东西，再一个是即便吃了，能不能被身体消化，前者是意识问题，后者就是身体的生理问题了。

先说意识问题。

北京中医医院有个著名的皮肤科专家，叫陈彤云，我在十几年前见过她和她的儿子，如果不介绍，两人站在一起绝对以为是姐弟，那时候她已经快70岁了，她的皮肤非常好，细腻白皙而且有光泽。后来很多人问她，怎么保养的皮肤？您都吃什么？抹什么？

她的弟子告诉我们，陈老没有特别的保养方式，她用的护肤品都很

简单，几乎就是过去的"蛤蜊油"那类最普通的凡士林。因为陈老知道，皮肤的功能主要的不是吸收，而是屏蔽，所以不是你抹得越复杂就吸收得越多，这种保养远没有吃进的营养更能显效。如果说讲究，陈老在吃上有她自己的标准，首先就是她吃得很清淡。

作为名医，陈老不断有人宴请，但她都因为不喜欢油腻而婉拒了。她最喜欢吃的是杂粮粥，就是用各种豆类、粗粮在一起熬的粥，吃普通的蔬菜，肉类里面经常吃鱼。和她抹在脸上的单纯相比，吃的东西虽然清淡却是繁杂的。从这个著名皮肤专家的个人护肤经验上可以看出，"吃在肚子里的要复杂，抹在脸上的要简单"是女人护肤颠扑不破的真理，也是本书定名为"脸要穷养，身要娇养"的理论依据。

现在有很多书籍推广的美容减肥经验，经常是"在一棵树上吊死"的方式，比如，只吃香蕉，或者只吃西红柿就能减肥美容了，号称"香蕉减肥美容法"。事实上，这种办法无非是制造一种噱头，让人因为好奇而跟从，但身体是不可能从单一的食物上获取足够营养的，世上绝对没有一种可以囊括所有营养素的食物！

我们可以看一个事实：在世界范围内，特别是发达国家，现在都在提倡对食品进行营养强化。比如日本，要在粮食中添加人体容易缺乏的各种微量元素。之所以这么做，就是因为越来越多的研究发现，人的健康是需要方方面面营养物质相互配合的，缺少一个，可能就会对其他物质的吸收产生制约、影响，营养强化就是要增加食物的复杂性、全面性。从这个趋势也可以看出，单一食物"包打天下"的"创新"，是没有道理的，有悖于最先进、最科学的营养准则。

《黄帝内经》中也提到一个饮食准则："五谷为养、五果为助、五畜为益、五菜为充。"

五谷包括：麦、黍、稷、稻、菽，负责提供碳水化合物。

五果包括：李、杏、枣、桃、栗，果蔬是负责提供维生素和矿物质的。

五畜包括：牛、犬、羊、猪、鸡，负责提供优质的动物蛋白。

五菜包括：韭、薤、葵、葱、藿。

一个人要想健康，至少要吃到上述这些食物才可以。

有一本名中医养生的书，全国几十位著名中医，都是健康高寿的老人，他们在书中谈自己的养生饮食经验，基本上都是，什么都吃，什么都不多吃。意思就是在营养多样化、吃得杂的前提下，不放任、不多吃。通俗地讲，就是可以吃个"微缩版"的"百货店"，但不要吃个"超大版"的"专卖店"，后者只能使你的热量摄取过多，而营养元素不足，按这种让名医都能健康到老的饮食习惯，去保证好的皮肤肤质，应该不是难事。

⊙你怎么会"满脸菜色"

过去形容一个人脸色难看，经常说是"满脸菜色"，这种人的皮肤显得很暗黄，甚至发绿，没有光泽。因为那个时候粮食匮乏，很多人是用"瓜菜"代替粮食。现在粮食虽然不匮乏，但很多人觉得粮食不过是热量的补充，肉、蛋、奶之类美味的食物不也能提供热量吗？那就以肉、蔬菜代粮食好了，但是，不吃粮食其实是犯了中医养生大忌。

《黄帝内经》在谈到饮食养生时，将"五谷为养"放在第一位，因为五谷是入脾经的，而脾是"后天之本"。之所以把脾提到如此高的地位，是因为对中国人来说，脾气是中国人或者说黄种人这个人种的薄弱环节。为此，粥才逐渐形成了中国传统饮食中最有中国特色的东西，因为粥的温软细烂，更便于并不强壮的国人脾胃吸收营养……凡此种种都显示一个道理：疾病是最容易从脾胃这个薄弱环节打开缺口的。更重要的是，中国人最容易虚的脾，还有一个功能，中医之脾还包含了另一层含义，是人体内的"审计署"、"纪检委"，可以监视伺机而动的病毒细菌乃至肿瘤细胞，像西医说的免疫系统。

败血病就是细菌感染没有控制好引起的全身性感染，属于严重感染的一种，这个病名我们只在白求恩事迹中听说过。后来，随着生活水平的提高，医疗水平的发达，至少在大城市，这种病已经很少见了。

中医的脾是主肌肉的，脾气足的人肌肉会有弹性，会丰满，相反地，脾气虚的人往往是"手无缚鸡之力"的文弱书生。而肌肉在短期内骤减，直接伤害的就是主管肌肉的脾气，也就是说，如果脾虚到了极致，这个"后天之本"的损伤等于身体里的"审计署"不干活了，失职了，导致他缺乏对细菌的识别力和抵抗力，才会导致败血症这种感染的燎原之势。

　　通过不吃粮食而达到减肥的人，其实也就是在人为地制造脾虚，虽然未必能招致"败血病"，但脾气虚早晚要成事实，首先表现在皮肤上的就是气色很差、没有光泽。皮肤可以通过化妆品的粉饰而变得细腻，但健康的光泽是化不出来的，所以人会显得很僵硬、死板，没有生气。由此可见，要想获得真实生动的好皮肤，气色很重要。所谓气色，就是能透过化妆品表现在外的健康光泽，气色是由脾气决定的，而粮食是对脾气最好的补益。

⊙人是一种适合黄色的虫子

　　很多学中医的人都拿《黄帝内经》当教材，其实，《黄帝内经》不是单纯的中医教材，其中具体的诊疗技法是有限的，却涉及了中国文化的诸多领域，类似于中医里的"宪法"，比如《黄帝内经》就讲到了虫子，而且将虫分为五类，毛虫、羽虫、倮虫、介虫、鳞虫，分别属于木、火、土、金、水。人是倮虫，倮虫属土，作为一个属土的生物，人是一种适合黄色的虫子。

　　这就意味着，无论是什么样的治疗，都应该从土着手，比如从土中求金、求水、求火、求木，土是其他4种元素的基础，也是因为这个原因，属于土的脾胃才被给予了"后天之本"这么高的"职称"；也是因为这个原因，金元时期的名医李东垣，才编写了《脾胃论》，从脾胃里找众多疾病的原因；也是因为这个，张仲景的《伤寒论》，虽然不是以脾胃为主导的，但他的《伤寒论》中有112个方子，用药不过百味，常用的更是只有几十种，但甘草一味却在70张方子中都用到了，是使用频率最高的一个。

很多人以为药方中用甘草只是调和药性，其实，甘草的更大价值是补脾，因为甘草是黄色的，味甘，黄颜色和甜味都是入脾经的，每个方子都用上入脾经的甘草，就是为了在治疗疾病的同时不忘保护脾胃，可见中医对脾胃之重视。

《黄帝内经》对食物的评价是把粮食排在第一的，所谓"五谷为养"。而五谷中，小米是黄色的，是入脾经的，放在第一位也是强调脾胃的重要，脾胃不好以及由于脾胃不好而气血不足的人，应该长期吃小米。

种过小米的人都知道，小米产量小，而且很消耗土地，种几年就能使肥沃的土地变得贫瘠，可见小米对土壤中营养"掠夺"得多彻底，它占据的营养有多丰富！这也是为什么小米一直是中国人补虚时的首选，因为它最大程度地吸收了土壤里的精华。

小米是黄色的，枣肉也是黄色的，都入脾经，用它们熬的粥以前是专门给虚弱的产妇喝的，因为分娩之后人会气血双虚。对虽然不是产妇，但常年面色发黄，没有光泽的"黄脸婆"来说，她们的身体状况和产妇大同小异，都是气血双虚，只是程度上的差异，她们要想皮肤好，首先要把脾气补上去。因为中医说的脾是主运化的，所谓运化，就是将食物中的营养吸收，并且运送到周身，其中也包括运送到皮肤。如果脾气虚，首先是无法吸收，其次是无法将本来就吸收得不多的营养输送出去。所以，我们经常见到怎么吃都不胖，或者怎么用补品脸色也不好的人，都是因为脾气这个环节太薄弱了。这种人重的要通过中药健脾调理，轻的则可以在日常生活中，以红枣小米粥为主食，因为粥这种饮食形式是最有益于脾气的。中医在讲述各种虚症的时候有个食疗建议，叫"糜粥调养"，就是用软糯的稀粥调养身体很虚弱、脾气很虚弱的慢性病人，这个作用是缓慢而稳健的。

很多脾虚的人急于改善体质，吃各种补药，但很快自己得出结论："虚不受补"。不是吃了消化不了，就是虚的问题毫不见效，就是因为脾气这个运输中枢没周转起来，没调度好，路没修好，车多就会堵，欲速不达。而小米、大枣以及这类补脾药熬的粥，对脾气的补养采取缓慢柔和的过程，就不会产生虚不受补的问题。

当归生姜羊肉汤

　　将500克羊肉洗净后用刀顺切成大片，放在沸水锅内焯去血水后，捞出凉凉。最好用一个沙锅，内加清水，然后把羊肉下锅，再放进当归10克和生姜一大块，用大火把汤烧沸后，把上面的浮沫撇掉，改用小火炖约一小时，要加两勺黄酒，黄酒是温性的，一方面去羊肉的膻气，一方面也有鼓动阳气以补血的效果。羊肉熟烂了，吃肉喝汤。

益血养颜膏

　　山东阿胶500克，冰糖250克，大枣250克，核桃仁250克。

　　把核桃仁打碎，把大枣用水泡一泡，把核去掉。黄酒、阿胶、大枣、冰糖、核桃仁一起放在一个瓷碗里蒸熟，之后密封于

阴凉地方或者冰箱里。

　　在"小寒"节气前后的两个月时间里，身体弱一些的，总感到疲劳的女孩子都可以用这个药，每天一勺到两勺温开水化服，一直吃到开春。

黑眼圈：悄悄暴露你隐私的黑眼圈

　　你如果仔细观察一下自己就可以发现，到了来月经的那几天，眼圈都会颜色发黑，至少比以前要颜色深，特别是下眼圈，变化更明显。眼周的改变是女性子宫状况的表现，很多有经验的中医就是通过这个征象猜透病情的八九，比如，以前做没做过子宫手术或者人流，甚至人流的次数多不多。

⊙黑眼圈泄露你的子宫状况

　　只要子宫有瘀血，处于与平常不同的状态，眼圈就会发黑。月经期正是子宫内膜脱落出血的阶段，所以即便是没有瘀血问题的女性，到那几天也会不同程度地出现黑眼圈的问题，这是正常的，月经一过就会消失。但是，如果黑得严重，而且月经来的时候不畅，颜色也黑，或者有血块儿，这可能就预示着你已经有了瘀血，应该马上注意，否则黑眼圈可能从月经期才有，发展成平时也出现了，乃至成了美容时的心头大患。

女人是最容易产生瘀血的，所以有句经验之谈叫"十女九瘀"，十个女人九个有血瘀，这种情况和她们特有的生理周期有关，而月经的正常是保证身体没有血瘀，保证女性各种生理功能正常的前提。

如果一个人在不是月经期的时候，眼圈也是黑的，这个人的子宫往往受过创伤，最常见的就是流产手术，这种手术做得越多，黑眼圈发生的可能越大，程度也越重。现在的"人流"已经可以通过吃药完成，"药流"这个新技术使很多人觉得现在的流产危险和伤害小了，至少不像以前那样动刀子了，其实，损伤是同样的。无论"药流"还是"人流"，都是一种违背生理的过程，因为从生理角度看，怀孕之后，只有正常的分娩才符合人体自然规律，而流产是在中间人为地打断，首先造成的是子宫的局部损伤，比如内膜清除过程会因为医生的手法太重伤害到子宫壁。同时，自然分娩时，激素分泌的开始和停止都是逐渐的，而通过人为手段突然中止妊娠的时候，这些可能正在分泌顶峰的各种激素要突然停止，等于给身体来了一个"紧急刹车"，这也是民间对流产这样的"小月子"比正常的大月子更重视的原因。因为它不仅要修复手术带来的损伤，还要平息这个"急刹车"带来的各种失调，如果平息不好，瘀血就是留下的最常见的问题，这也是黑眼圈发生的物质基础。

所以，要避免黑眼圈，特别是人为因素引起的瘀血而导致的黑眼圈。首先是避免人流这样必要的损伤，如果避免不了，已经做了，事后对瘀血的治疗是消除黑眼圈的关键，具体地说，就是将化瘀作为日常事务了。

中医讲，寒和虚都可以引起血瘀，因为血遇寒则凝，所以要想不出现血瘀，首先要保温，不受寒。不光是流产恢复的那个特殊时期，包括平时，因为寒邪的侵袭是日积月累的，是逐渐加重的过程。你可能已经从感觉上习惯了少穿，感觉上不觉得冷，但身体的伤害不是感觉能反映出来的，往往就是在你的无感中，寒邪已经入侵，血瘀已经形成。另一个是虚，因为"气为血之帅"，血运行要靠气的推动，如果你是个平时就有气无力的弱女子，不忍重负，稍微忙一点，到了下午就疲惫不堪了，那就很难避免血瘀的发生，像黑眼圈这样的问题也在所难免。

⊙腹部保温=全身排毒

女孩子应该是对"排毒"这个概念最敏感也最信任的了，因为她们觉得自己的面部皮肤问题都是毒素没排出去引起的，这确实有道理。但是，什么原因使毒素没排出去呢？回答一般是："肉吃多了"、"运动太少了"、"便秘了"、"忘记喝水了"，这些都没错，也是最常见的，但有一点最容易被忽视，或者说，几乎是现在和排毒混淆最严重的问题，就是一直被人们忽视的受寒，特别是腹部、盆腔的受寒，在"露脐装"、"低腰裤"越来越流行的现在，这个问题会是未来很长时间的大患。

　　首先要知道一个事实：腹腔、盆腔的血液占人体血流的70%左右，等于是个人体的大血库。而且盆腔血管有个特点，血管壁薄，弹性小，所以流到这里的血液速度会减慢。这个时候，如果盆腔或者腹腔再受凉，血流的速度就会更慢。要知道，女人最关心的身体的毒素是要借助血液的流动而排出体外的，血流变慢了，毒素的清除速度自然也变慢，毒素瘀积就在这个基础上发生了。即便是你的饮食很健康，也注意喝水，少吃肉甚至不吃肉，身体多少仍会有没有及时代谢出去的毒素吧，这些毒素就会随血流的缓慢沉积下来，日久天长真的就需要排毒了。

　　所以，要想避免毒素对皮肤面容的影响，除了减少毒素产生的摄入机会，还要给毒素的排出一条通路。这就是不能受寒，特别是不能让腹腔、盆腔受寒，以保证血流的通畅。

　　对女性来说，不让盆腔受寒的意义首先是可以避免盆腔的瘀血，如果做不到这一点，除了皮肤的粗糙，还会出现黑眼圈问题，这就更是盆腔有瘀血的标志。

　　很多女孩子会有一组症状，一个是腹部的坠痛，严重的是站久了就坠得难受，在月经来之前更明显。按的时候腹部的两侧明显疼痛，而且会本能地拒摁，医生检查时稍微用力就会喊疼，这个症状很容易被怀疑是附件有炎症，但做B超之类的未必能发现异常，这种情况，医学上有个名词，叫"盆腔淤血综合征"，要通过更为细微的检查会发现，有这个"综合征"的人的盆腔静脉的血流明显变缓，静脉也变得狭窄。前面说的腹痛、腹坠乃至毒素瘀积等症状就是这些病理变化的结果，当然了，直接反映子宫状况的黑眼圈也会随即出现。

这种人注意一下还会发现，她们不管怎么吃青菜，怎么吃水果，仍旧有难以改变的便秘问题，通便药能解决的也是短暂，很快就"卷土重来"。原因其实和盆腔的血流缓慢直接相关，也是盆腔瘀血的另一个症状。因为结肠、直肠也在盆腔中，盆腔血液被瘀滞了，肠道的功能肯定受影响。

难治的便秘是影响皮肤的重要原因，皮肤逐渐变得粗糙、长痘，但这种人需要的排毒办法，不是生硬地通便，而是保温，特别是腹腔盆腔的保温，血液流畅了，妇科脏器和消化器官的功能恢复了，毒素自然会排出。

韩国人的皮肤比中国人的好，和他们的饮食和保温有很大关系。首先，韩餐的脂肪含量很少，菜普遍很清淡，肉在普通家庭是不可能每天吃的，所以去韩国久居的中国人，包括中国女孩子，在最初很难适应那种清淡的饮食，总是觉得饿，而这，却使她们的毒素产生减少了机会。其次，韩国的传统房间是地热取暖，在温暖的地板上席地而坐，能将一天受到的寒气驱散干净，这是中国爱美女孩子的生活习惯所不能比的。

所以，要想避免皮肤因受寒瘀滞而变得灰暗，在白天受凉之后，晚上用热水泡脚，最好是在热水中加一些黄酒，不用质量最好的，我们烹调中最便宜的黄酒就可以，用酒的温散助推受寒而凝结的血液。很多人是白领，白天有应酬，需要穿裙子，天冷的时候，可以贴个膏药，现在药店卖的"暖宝宝"，本身有发热的能力，可以贴在脐下1.5寸的地方，那里是气海穴，是强壮穴，贴在那等于偷偷给腹部和盆腔做着热敷，这也是无奈中的权宜之计，只有解决了腹部的保温问题，其他的通便办法、化瘀方药才能奏效。

盆腔瘀血的问题，除了平时的保温，睡觉时的体位也能帮助纠正。从力学角度上讲，仰卧的时候，盆腔血管的压力低于站立，侧卧位的时候，压力就更低，古人提倡的"卧如弓"姿势，就非常利于改善盆腔血液的瘀滞状态。所以，不妨慢慢让自己习惯这种睡姿，同时最好穿件长点的、过腰的睡衣，防止在睡眠的时候盆腔再次受凉。

⊙热手心敷眼能去黑眼圈

瘀血虽然发生在子宫，但在中医要做全身调理，而且要兼顾到补气和温阳，因为气虚和受寒在血瘀上往往是助纣为虐的。

先说补气，中医讲，"气为血之帅"，意思是说，气是推动血运行的关键。所以，要想不血瘀，首先得气不虚，得有力气把瘀滞的血液推动起来。

我见过很多秀气苗条的女孩子，脸色都不好，虽然不至于有黑眼圈，但整体的肤色发暗发黑，脸上也有斑点，斑点也是颜色很深的。她们虽然没做过人流之类的人为的损伤性手术，但还是有瘀，就因为她们本身是气虚的人，没力气推动血，稍微遇冷了，本身运行就不快的血就瘀滞住了。这种女孩子是要通过补气来祛瘀的，我最喜欢推荐给她们的

有两个：一个是黄芪，一个是三七。

黄芪已经是我们常用的药膳食材了，用黄芪炖鸡或者炖羊肉，补气的同时还能补血，气壮实了血就通畅了。

三七这个药很好，男女老少皆宜。因为三七本身有补气的作用，是中药活血化瘀药里唯一一个化瘀而不伤正气的。那些本身就是因为血液黏稠度高，容易发生血栓的人可以每天吃1~2克，装在胶囊里，养成习惯吃，有瘀血的女人也可以如法炮制，逐渐地可以改善血瘀体质。

除了补足自己的元气，使之有能力推动血液运行，同时将保暖形成习惯之外，还有个局部的治疗措施，就是用双手手心对搓，搓到手心发热，之后将发热的手心分别捂在双眼上，将热力透过皮肤，热度减少时再搓热，再贴，反复做10分钟。

我有一个同学，现在已经是针灸专家了，当初她学习很刻苦，但居然没有近视眼的问题，后来回想起来，她说她父亲很早就告诉她，看书看累了，就用双手手心对搓，将搓热的手心贴在双眼上……后来她学了中医才意识到，就是父亲的这个偏方，帮助她躲过了中国学生最高发的近视眼。

手心中有两个重要的穴位：劳宫穴、少府穴。

劳宫穴：是手厥阴心包经的穴位，手握拳时，中指直对的部位就是，正在手心中间。

少府穴：是手少阴心经的穴位，手握拳时，小指尖对的那里就是。

两个穴位都和心有关，性质都属火，通俗讲就是热性的，把它们搓热，其实是将心经和心包经两条阳经的热力引下来，将这种阳性的温暖贴敷在眼睛上，可以提升眼睛的功能。

这样做同时也对眼周的局部有温阳化瘀的作用，对因为寒凝血瘀导致的黑眼圈的治疗原理，和对近视眼的治疗原理是一致的。

第三章
女人·身

元气虚带来的肥胖

阴血亏导致的干瘦

　　有句很令胖人绝望的医学结论——条条大路通脂肪。意思是无论粮食、肉蛋，还是蔬菜水果，吃进肚子里都要转化为能量，一旦这些能量不能被身体用完，就会以脂肪的形式蓄积在体内。因此，天下没有不长肉的美食。而人体内至今仍存在的"节俭基因"，仍旧发挥着将食物尽量多地转化成能量的作用，因此，减肥是人类越来越艰巨的任务。与肥胖相对的消瘦也如此，与其说增重，不如说是增强体质，同样是"润物细无声"的事，急切、功利只会欲速不达。

元气虚带来的肥胖

中医讲："瘦人多阴虚"，"瘦要补血"。至于胖人，则是气虚为多了。气虚就是功能不足，不能代谢掉包括脂肪在内的废物，所以真正的减肥不是泻肚，而是补肾补脾；正确的减肥药也不是大黄，番泻叶，反倒是正常人吃了会上火的"附子理中丸"、"金匮肾气丸"。遗憾的是，认识到这一点的胖人为数不多。

⊙天下没有不长肉的美食

之所以减肥能成为全民时髦的、持久的口号，是因为肥胖是人类的"绝症"、宿命，是躲不过去的。这话绝对不是耸人听闻，是基因决定的，因为我们的身体里存在一种至今没有改变的基因，叫"节俭基因"。

这个基因曾经是我们的救命基因。在远古时代，人类能吃的东西很少，只有具备这种基因的人，才可以把吃进去的仅有的食物，最大限度地转化为能量攒起来，以此应付繁重的体力谋生。在漫长的进化过程中，具备这样基因的人，得以生存下来，成了我们的祖先。这是自然的一种优胜劣汰，具备这种基因的人，曾经是"优良品种"呢！

这种我们与生俱来的"节俭基因"，现在仍然携带在各位的染色体中。因为人类基因的变化，不可能像环境的变化那么日新月异，需要很多代的慢慢演化。遗憾的是，现在的生存环境已经今非昔比，人类可以很方便地获得食物和营养，甚至几乎是到哪都躲不开诱人的美食。但那些基因的"节俭"能力仍旧存在，它们一如既往地对已经不再稀缺的食物发挥着能量节俭的作用。这就必然导致能量过剩，过盛的能量最终就以脂肪的形式蓄积在体内，这就是为什么人类只会越来越胖了。

每个想减肥的人，首先要搞清楚这一点，才可能调整你的减肥预期和方式。正是因为这个"节俭基因"每天都在行使着将食物最大限度地转化为能量，储存为脂肪的职责，你的减肥就必须落实在每天的生活点滴中，即便是借助减肥药，也只是借它带给你的一点减肥"曙光"，需要尽快建立不至于发胖的生活方式，自己养成习惯，才能扔掉药物，这才是对付始终存在于你体内的"节俭基因"的唯一的可持久办法。

很多人为了减肥只吃豆腐，因为他们觉得能长肉的食物主要是脂肪、糖和淀粉，豆腐那么寡淡，吃了也不会长肉的。其实这是错误的，因为他们没理解体内过多的脂肪到底是由什么转化过来的。

提供给我们热量的食物主要有三大类，脂肪、蛋白质、淀粉，不管是哪种，你吃进去之后都要转化为你所需的热量，只要能量不被及时消耗掉，剩余的就会以脂肪的形式留在体内，你就会发胖。因此，减肥医生有句名言："条条大路通脂肪。"这就是说，无论是属于淀粉的米饭，还是属于脂肪的肉，还是属于蛋白质的豆腐，只要吃进去的总热量大于你身体消耗掉的热量，就要以脂肪的形式留在体内。所以，这3种物质，并不因为你自觉口味的寡淡和油腻而对你的长胖有不同作用。

事实上，100克豆腐的热量和2500克瘦肉的热量是一模一样的。如果你觉得豆腐可以减肥而放开吃，它产生的热量在转化为脂肪时也是不含

糊的。只是因为豆腐体积大，你可能会因此少吃，如果多吃的话也是照胖不误。

过去有个传说，说一家种蒜的人家娶了个后妈，后妈只心疼自己生的孩子，前妻留下的孩子不让正经吃饭。那个可怜的孩子吃不饱或者根本没饭吃，就只能把自己家的大蒜烤熟了吃。结果，这个只吃大蒜的孩子居然比后妈自己的孩子还要胖！其实就是这个原因，不管吃什么，只要多吃，吃过了你身体能消耗掉的量，都是会长肉的，天下没有不长肉的食物！

再说回吃豆腐减肥的误区，按照减肥者常规的感觉，减肥就是少吃主食和脂肪，多吃豆制品，这个办法也许会在短期内有一定的效果，但是它总会以肥胖的形式"回报"出来的！更重要的是，这种只吃蛋白质的节食办法还可能引起后患，因为长期过量食入蛋白，对人体影响最大的是肾脏，肾脏必须"加班加点"地将蛋白质代谢出去，会因此被"累坏"。因此，肾脏有问题，甚至肾衰竭的病人，是要严格限制蛋白质的摄入的，就是为了让已经有病的肾脏，尽量休息。医学研究时做过类似的实验：给小白鼠喂高蛋白的饮食，比如鸡蛋、牛奶、肉类之类的，不喂别的。一两个月以后，这些实验小白鼠就出现严重的肾功能衰竭，这个结果也可以在减肥的人身上重演的。

⊙减肥的食物尽量"滥竽充数"

因为各种食物所含的热量不同，吃得多不一定热量摄入多，吃得少不一定摄入的热量就少。比如，吃35克馒头与70克白薯、100克土豆所获热量是一样的。这就提示我们，减肥者在选择食物时，只要进食体积大、热量低的食物，就可以既饱腹又减重。比如白薯，也是医生建议给糖尿病病人吃的，可以用它代替粮食，虽然白薯是甜的，但因为纤维素多，获得的饱腹效果很好，和这个特点相比，它的含糖问题就成了次要的。要减肥的人也一样，可以用白薯把热量更高的粮食替换掉。

蔬菜里的冬瓜、黄瓜、白菜等含热量最低，如欲获得同样的减肥效果，吃两份上述蔬菜和吃一份扁豆或蒜苗是一样的。若要选择藕、芋头之类，则只吃半份就够了。水果也如此，比如吃200克梨、桃、苹果、香蕉、柑橘等任何一种，所获得的热量与吃500克西瓜是一样的。

干果的热量远比鲜果高，因此减肥者不宜吃杏干或葡萄干等干果，尤其是葡萄干，很小的体积就有超乎你想象的热量。还有瓜子，减肥的人千万别小看它，一把瓜子的热量就等于一勺油的热量，如果你一个晚上嗑掉了250克瓜子，几乎等于喝进去了100克的油！平时为了减肥变炒菜为煮菜的工夫全白费了。

还有一个办法，为了减少饮食量，可以在每次进餐前喝一碗汤，以便于胃中被液体充盈，减少饥饿感。但要注意，这个汤一定要稀汤寡水的，不能有油，否则就和吃固体食物无异了。

还有人为了减肥，只在晚上吃一顿，或者只是中午吃一顿。如果你能控制好食欲最好，控制不好的话，虽然是两顿不吃，但到下一顿该吃的时候，可能饥饿感更强，消化能力也超强，更能对吃进去的食物有效利用吸收，反倒不利于减肥。

所以，最好是把你的饮食均衡地分配，吃一点儿不饿了，肚子有一点感觉了，就停下来不再吃了，就等到下一顿，这样就不会因为饿产生迫切的摄食要求了。说到这，还要提醒大家，一定要分清自己每次吃东西是因为饿还是因为馋，特别是女人。

很多女人减肥很难是因为戒不了零食，因为总是饿。事实上，真正的饿的感觉是，连你平时最不想吃的，吃了都要恶心的东西想起来都香的时候，才是真正的饿。反之，如果已经吃过了饭，胃里已经有食物了，但突然看到了喜欢的食物，蛋糕呀，冰激凌呀，还有胃口，这个时候就肯定是馋了。

饿是人体的正常反应，你的饮食如果仅仅解决了饿，一般不至于发胖。现代人肥胖的很大因素是因为馋，因为物质极大丰富，总是能遇到让你馋的食物，馋和饿一混淆，减肥就更困难了。

另外，有的人胃口出奇的好，这是先天或者是因为小时候食量过大，胃必须充满到一定程度才向人脑报告"我吃饱了"，这种从小养成的习惯或者感觉是非常麻烦的。所以，现在很讲究不要把孩子弄成"小胖墩"，特别是女孩子。一个是因为"小胖墩"体内的脂肪细胞数量本身就比别人多，而且因为从小多吃，脂肪细胞的体积也比别人大，所以他们就会胖出一圈儿去。等到想减肥了，得把这每个都大一圈儿的脂肪细胞一一缩小，工程自然很大。还有就是从小养成吃饭要达到饱撑的感觉，神经反射都培养出来了，再去改这个毛病自然很艰难。

这样的人，为了防止自己吃得更多，最有效的办法是把进食的速度放慢，这也是改善生活方式的一个小技巧，一定细嚼慢咽。有的专家甚至提出，最好的减肥办法是每一口食物咀嚼50次，因为咀嚼的时候可以刺激大脑的"饱中枢"，产生饱腹的感觉，真能这样做的话，确实是吃几口就饱了，饭量一下子就降了下来。每口咀嚼50次确实有难度，很快就习惯性地下咽了，即便你达不到这个量级，但尽量地多咀嚼几次，确实可以达到减慢进食速度、减少食量的效果。另外，多吃含有膳食纤维多的食物，比如玉米面、麦片、小米，或者是带皮的食物，这就是"滥竽充数"，这样可能会增加你的饱腹感。

如果很馋，一定要吃肉，可以选牛肉，牛肉的纤维相对来讲多一些，更容易让你觉得饱。鱼也不错，因为鱼肉的热量很小，吃80克鱼、50克瘦肉或25克香肠所获得的热量是同样多的，也能兼顾到解馋。

从减肥角度看，鱼、肉类的热量排列顺序是：鱼肉低于鸡肉，鸡肉低于牛肉、羊肉。还有个便捷方式可以帮助控制你的热量，伸开你的手掌，以你手掌的大小，加上手掌的厚度，基本上就是50克瘦肉的量了，这里指的是生肉。

⊙不让今天吃多的美味过夜

每天每个成年人所需的热量是8360~12540千焦，如果过了40岁，这个需要量就要减少了。所以，如果你在40岁前，身体匀称，每天保持这个热量的摄入，一般情况下可以不发胖。如果你的体重已经超重或者肥胖了，要适当减少摄入，增加消耗了。如果是40岁以上，这个标准可以更严一点，因为40岁以后，人的代谢能力下降，稍不注意就有脂肪过剩的危险。减肥就是要消耗大于摄入，通俗讲就是"多动少吃"，这个比例是有章可循的，为此，先要了解饮食所含的热量和各种运动时消耗的热量。

每天1000千卡热量食谱示范

A套餐

早餐：1片全麦面包，正反两面都涂上花生酱（10克左右）、半个西柚、1杯咖啡。

午餐：半罐金枪鱼（约90克）、1片烤面包、1根黄瓜、1杯咖啡。

晚餐：半棵菜花、10粒葡萄、酱牛肉两片（约50克）、1个苹果、1杯咖啡。

B套餐

早餐：半根香蕉、1个鸡蛋、1片烤面包、1杯咖啡。

午餐：1杯无糖酸奶、4片苏打饼干、半根香蕉、1杯咖啡。

晚餐：2根热狗肠（约100克）、半棵西兰花、1个橙子、1杯咖啡。

C套餐

早餐：苹果1个、奶酪1片、苏打饼干4片、咖啡1杯。

午餐：煮蛋1个、烤面包1片、柚子1个（约200克）、咖啡1杯。

晚餐：金枪鱼罐头半罐（约90克）、红葡萄10粒、菜花大半棵、香蕉半根、咖啡1杯。

要注意，这几款食谱的热量是很低的，因为在减肥门诊那里，如果再少一点，少到3344千焦以下，在医学上就属于"极低热量"饮食了，一般情况下，只用于急于减肥或者肥胖程度非常严重的，对那种超级大胖子，这种饮食可以使他们1天就减重1千克。但是，按"极低热量饮食"坚持一两周之后，都要进行电解质检测的，就是因为热量摄入过少还是很危险的，减肥效果也是很明显的。

因此，比照上面的食谱，一日三餐总计吃到每一款的两三倍的量，比如早餐可以是2根香蕉，2个甚至3个鸡蛋，两三片面包，两杯咖啡，在三餐中尽量充足一点，吃得饱一点是没有问题的。因为即使是上述每款的3倍，热量仍旧控制在12540千焦左右，在你正常需要的范围内，而且，通过食物的热量换算，可以得到一个不是特别苛刻而且可以相对丰富的三餐，只要你保持住这个量，平时也少吃零食，至少不会再增胖，只是维持了你每天的基础需要，不会有过多的能量用不完成为脂肪而积存，当然了，如果你想减少现在的体重，吃进去的量就要再减一点。

也就是说，只要你能长期保持这种比较节制的饮食，想成个大胖子也不太可能。至于那些"喝凉水都长肉"的人的肥胖不在这个讨论范围内，那种肥胖已经属于病态了，甚至和吃多少无关，那就需要药物治疗了。

再以60分钟为时限看看不同运动方式的热量消耗：

游泳 4430千焦	快跑 2926千焦
慢跑 2780千焦	快走 2320千焦

爬楼梯 2006千焦	打拳 1881千焦
跳绳 1873千焦	打网球 1471千焦
跳舞 1253千焦	慢走 1066千焦
做有氧运动 1053千焦	郊游 1003千焦
打扫 953千焦	打高尔夫球 790千焦
骑脚踏车 769千焦	遛狗 543千焦
洗衣服 477千焦	读书 368千焦
工作 318千焦	看电视 301千焦

　　按照热量换算，1千克脂肪要彻底燃烧掉的话，是需要消耗掉29260千焦的热量的。如果采取游泳的方式，是要游将近7小时才可以将这1千克的肥肉都"游"掉的。换个角度说，要吃够29260千焦热量的食物，也就是上面一款食谱的7倍的量，才能留下1千克的脂肪。

　　由此可见，无论是长1千克的肉还是掉1千克的肉，都不是一顿饭两顿饭的工夫，都是经过了时间的积累。所以，为了不长胖，首先要做到的是今天的热量今天解决，不让过食的美味在你肚子里过夜。

　　比如说，如果你今天吃多了，自己估算一下，超过了16720千焦的程度，就是比应该吃的12540千焦多了4180千焦，最好的办法是当天进行运动把它消耗掉。要知道，消耗掉4180千焦的运动量还是可以承受的，比如游泳，游30~40分钟，去游泳池的路上再走走路，4180千焦就出去了，这顿美食既过了嘴瘾，又没在身体里留下痕迹。

　　最忌讳的是今天吃多了，人也懒了，没去运动，这样的状况持续几天，脂肪就留下了，等积蓄到一两千克的时候再想很快减下去就要花气力了……这些数据也再次说明，减肥贵在形成生活方式，养成习惯。

⊙1周500克，不出皱纹地减肥

减肥专业医生建议，最适合的，也最有前景的减肥速度是，1周减500克，特别是女人，这样可以保证你不生皱纹。

初看这个速度很多人不满意，因为500克的体重几乎是看不出来的，但是要知道，如果真能这样坚持了，两个月之后你会看到明显的效果——4千克的体重是显而易见的了。更重要的是，这个效果的产生不痛苦，因为你有两个月的时间去实现它，去习惯它。这个减肥速度首先避免了因为骤瘦导致的皮肤皱纹，一般情况下，女人到了需要减肥的年龄时，皮肤也到了随时可以扣动"衰老扳机"的时候，脂肪在短期内的丢失，皱纹是首要问题。

之所以推荐1周减500克这个尺度，也是考虑到心理问题。

首先，1周减500克的速度不至于使你的生活出现颠覆性的、难以适应的变化。与此同时，在心理学上说，一般情况下，1个月的时间可以培养出一个比较牢靠的习惯，你减的这4千克，是坚持了2个月的合理的饮食运动换来的，这两个月足以使你养成合理饮食和运动的习惯，使摄入的能量小于你消耗的能量，两个月后再延续这个习惯就很自然了。和那种饥一顿、饱一顿，每次减肥前都信誓旦旦，但没坚持几天就败下阵来的减肥相比，后者虽然动静大，看似在跋涉，其实不过是在多次走回

头路罢了。

具体到1周减500克，可以在饮食上并不困难地做到。按照热量换算：

500克脂肪要彻底燃烧掉的话是14630千焦的热量，可以通过少吃14630千焦热量的食物，也可以通过消耗3500千卡的运动。

可以在1周中，少吃前面一款食谱的3.5倍的量，把它平均分配在1周里，只不过是隔天少吃一点。或者是1周游上3.5小时的泳，相当于每隔1天游1小时，每两天游泳1次。

这样一换算你就会发现，1周减500克其实并不难，嘴受不了太大委屈，身体也不会过劳，只要你坚持下来，坚持2个月，效果就出来了，而且也形成了越发健康的生活方式。

⊙让减肥药"扶"你走上减肥之路

一直以来我们国家批准的只有两种减肥药，"西布曲明"和"奥利司他"，商品名分别叫"曲美"和"赛尼可"，但是这两种药到目前为止都因为发现了不良反应而下架，不准许再使用了，也就是说，目前没有可以安全使用、百利无一害的减肥药了！

之所以出现不良反应，是因为长期服用，也是因为想要减肥的人始终指望药物，而没指望自己。这种依赖药物的办法，别说是减肥药，任何药物都会出现问题的，是药三分毒嘛。

那么，是不是减肥药真的不能用了呢？

如前所述，既然减肥是和身体里的"节俭基因"作对，就是一个漫长的，通过自身努力，而不是借助药物来完成的事情，这个时候，减肥药可以利用一下。比如说，吃一个星期可以抑制食欲的减肥药，通过这一周药物协助的饮食控制，体重可以明显减轻，这就是减肥人盼望的"曙光"，这个时候你可以经常照照镜子，看看开始变得苗条的自己，告诉自己，现在开始进入减肥的良性循环了……

借助这点疗效的鼓励，接下来的是要离开药物，借助自己对饮食的节制和运动的习惯养成，保持已经开始苗条的身材，而且尽量把这个保持效果拉长，给身体或者说是胃，一个养成半饱习惯的时间。慢慢地，你会适应这种半饱的状态，食量下降，饮食的控制便初显成效了。

如果能这样使用减肥药，等于通过药物的"保驾护航"，把刚踏上减肥之旅的新手"扶上马"，一边是逐渐苗条的身材，一边是慢慢习惯的饮食控制，这样步入减肥的办法是比较安全的，也避免了长期服用药物带来的不良反应。

食物热量换算举例

10克烹调油=15克花生米、25克葵花子

=25克米或面、50克瘦肉

=100克土豆、80克鱼类

=100克豆腐、200克水果

=500克青蒿、500克西瓜

⊙萝卜减肥可以一箭双雕

过了40岁的女人，很多是胖在肚子上的，腰围明显增加，这也是人显得衰老的原因，这在医学上属于"腹型肥胖"，她们的脂肪主要积存在腹部的大网膜上。这个地方的组织非常疏松，脂肪是最容易消耗也是最容易积存的。如果一个人的胖就胖在肚子这个位置，四肢并不壮实，那他的脂肪就可以随时入血，使他很容易就变成高血脂了，这是发胖带来的第一个健康代谢问题。

同时，这样的胖子还会有"胰岛素抵抗"，就是对胰岛素不敏感。虽然胰岛在分泌，但胰岛素不能调解糖的代谢了，于是胰岛只能拼命工作，增加分泌，直到最后功能衰竭，出现糖尿病或者是加重糖尿病。所以，如果一胖一瘦两个人同时去体检，两个人的血糖都刚刚超过正常线，医生肯定会特别地关照胖子，要求他尽快把体重降下来，因为脂肪会影响胰岛素的作用发挥，他的胰腺会比瘦人"辛苦"很多。

高血脂、高血糖这两个原因，足以带来其后的糖尿病、高血压、蛋白尿、高尿酸血症等，这就是一组现代人很难逃脱的"代谢综合征"了。形象地说，这种人的血管壁被厚厚的脂肪糊住了，慢慢地就变成了动脉粥样硬化。

"代谢综合征"在中医里一般认为属于"痰湿"，成因还是因为人衰老了，变虚了，营养物质吸收不了，运化不好，停在体内成为了脏东西，这就是所谓的"痰湿"。胖人，特别是腹型肥胖的人，一般都有"脾肾阳虚"的本，加上"痰湿"这个标。所以要想使这些人减肥，除了书中说到的"补肾益寿胶囊"、"金匮肾气丸"、"附子理中丸"之外，最好还要加点祛痰湿的东西。因为相对他吃进的东西来说，他的运化能力不足了，要排出这种过多的代谢物，只能增加机体的功能，也就是我们说的"气"，要补气，在补气的基础上再祛除痰湿。

过去有个名方叫"三子养亲汤"，由芥子、紫苏子、莱菔子组成。之所以叫"养亲"，是因为当初是开给老人的，"亲"是指老人，人老了才会代谢缓慢而生成痰湿。

现在药店里没有这个中成药，但是这3个"子"却经常在我们的食物中见到，烤肉时包肉的苏叶，它的子就是紫苏子；冬天北方要腌芥菜疙瘩，芥子就是芥菜的子；莱菔子大家更熟悉，就是萝卜子。其中，紫苏子是降气的，莱菔子是下气祛痰的，芥子是促痰排出的，而且3个"子"都是温性的，原方是用来治疗老年人消化功能差，吃多了，饮食不化，导致痰湿存于体内。

其实，这个方子非常适合"代谢综合征"的、有痰湿的胖人灵活应用。因为"代谢综合征"本身就是一种衰老的表现，即便你罹患它的时候刚过40岁，但从代谢功能上和一个六七十岁的老人无异了。而且这些存留在体内不能及时代谢出去的东西，是需要有火力燃烧和推动的，所谓"温阳燥湿"，在祛除他们体内"痰湿"，也就是污垢的时候，一定要选择温性的药物做"祛污剂"，因为痰湿是阴性的，非温热性的，属阳的药物不能运化出去。

我因为出版《不上火的生活》一书在北京电视台做《养生堂》节目之后，有一次出门被看节目的人认出来，是个50多岁的人，他说他看了我书中说的"上床萝卜、下床姜"之后，家里每天都买萝卜，都是象牙白萝卜，买回来就切成三段，每天晚上少吃饭，用白水把萝卜煮一节，蘸点酱油既当饭又当菜来吃。就这么吃了一个多月，他发现自己"痰多的毛病没了，而且走路也不再呼噜喘，有劲儿了"。这个人其实就是把"三子养亲汤"改良了，充分发挥了萝卜的"祛污"作用，如果再发挥一点，萝卜是可以一箭双雕的减肥食物。

大家都知道蔬菜有利于减肥，因为热量低，其中萝卜尤其如此，因为萝卜的纤维素丰富，吃进去肯定占据了胃的空间，让你产生饱腹感，与此同时，萝卜就开始它的"祛污"作用了：

> 萝卜生吃的话，它祛上焦的热和痰，比如我们春天的时候因为天气燥热流鼻血，或者干咳嗓子疼，皮肤也干得起皮，吃生萝卜和梨就比较合适。
>
> 如果你属于腹型肥胖，明显地感到自己身体笨重，煮熟的萝卜，可以帮助你导滞，晚饭的时候多吃一点萝卜，少吃肉甚至减少一点粮食，首先减少了热量的摄入，而且也符合中医"上床萝卜、下床姜"的说法，就是使你的胃肠在入睡的时候非常轻松、清净。

⊙ "喝凉水都长肉"怎么办

最令"胖子们"绝望的是，即便是按照上面的节食理论做了，仍旧不能控制地变胖，即所谓"喝凉水都长肉"，这个时候就意味着你的衰老开始了。这些胖人肯定是肥肉多，身体臃肿笨重，之所以长肥肉，是因为身体的代谢能力不行了，脂肪燃烧不出去，这就是他们衰老变虚的证据，如果看中医，一般会被诊断为"脾肾阳虚"。

在人的一生中，肥胖的情况往往会发生在人生的两头儿，要么是孩子时期，要么是中年以后，这两个时期有个共性，就是肾阳都是不足的。如果把生命比作一个冒着腾腾热气的锅，肾阳就是釜底之薪，肾阳虚就是作为燃料的"火"不壮了。

孩子在七八岁之前都有"婴儿肥"，脸上胖嘟嘟的，因为胖所以五官被挤得相对集中，我们就会说这孩子"没长开呢"。一开始拔个儿，就瘦了，五官也就有了成人的样子。其实，并不是拔个儿把身体拉长了，而是拔个儿的开始，也正是人体肾阳开始充足的时候，"火力"壮了，有能力燃烧脂肪，"婴儿肥"便被消耗掉了。

到了40多岁，人大多会有不同程度的发胖，因为这个时候肾阳开始衰退了，中医讲"人过四十，阳气自半"。意思就是过了40岁之后，"火力"差了，身体里脂肪的燃烧场逐渐缩小，发胖是必然趋势……由此看来，肥胖其实属于虚证，火力不足的结果，要想不胖，最直接的办法是使衰老的进程减慢，燃烧场不缩小，保持充足的火力。所以，仅仅靠吃泻药去减肥是肯定不行的，因为泻药一般属于"去火"药，虚症的时候，人需要的不是"祛火"而是"补火"，需要吃能"上火"的补肾药，才有可能增加燃烧脂肪的"火力"。

中国科学院院士，上海医科大学的沈自尹教授，是中国第一个用西医理论解释中医"肾阳"含义的人。他很早就发现，肾阳虚就是人体衰老的原因，有的年仅40岁的肾阳虚人，他们的神经、内分泌功能衰退的

指标，竟然与70岁左右的老人相仿！一下就抓住了肾虚这个衰老的"祸根"！这个研究的"副产品"就是现在可以在药店里买到的"补肾益寿丸"，一种可以改善衰老状态的中成药。

后来发现，这种药物不仅能延缓衰老，还能起到减肥的作用，而且效果稳定，身体变得紧致了，而且效果远不是吃泻药减肥那么短暂。因为肥胖也是衰老的症状之一，抗衰老的时候就可以把肥也减了。所以，补肾、增强身体的能量代谢，才是中医治疗肥胖的真谛、精髓！

能通过这个原理达到减肥效果的还有"金匮肾气丸"、"附子理中丸"，都是身体壮实、火大的人吃了会"上火"的药物，它们的减肥作用，是通过提高人体的亢奋性、消耗性来达到的。以研究脾胃之气而创立脾胃学说的古代名医李东垣在他的《脾胃论》里就说过："脾胃具旺，则能食而肥；脾胃具虚，则不能食而瘦或少食而肥；虽肥而四肢不举，乃脾实而邪气盛也。"

"少食而肥"说的就是所谓"喝凉水都长肉"，之所以仅仅靠饮食节制对减肥的效果不明显，主要是因为气虚了，自身的消耗能力很弱了，他们因此是适合用"补火"药减肥的胖人。

两个判断是否肥胖的硬性指标

1. 体重指数

体重指数（BMI）＝体重除以身高的平方。BMI大于24认为是超重，大约28认为是肥胖，这个标准更符合我们中国的综合因素。

2. 腰围指数

正常腰围：女性80厘米（二尺四）；男性85厘米（二尺五寸

五）。因为腹部是脂肪最容易堆积的地方，腰围应和体重指数相互参考。

萝卜丝饼

象牙白萝卜半根，玉米面1两，鸡蛋1个。萝卜擦丝，用热水焯一下去掉萝卜的辣气，鸡蛋打入玉米面中，将萝卜丝适度挤掉水分与蛋面搅匀成糊状，加盐和鸡精调味。

电饼铛里少放或不放油，预热后将面糊倒入成饼状，调到"大饼"档，盖盖子至铃声响，萝卜丝饼就做成了。这是一道热量很低、纤维素丰富、主食蔬菜兼备的食物，还兼顾了萝卜的减肥消脂作用。可以在1周的3天里，作为固定的晚餐，以减少晚餐时热量的摄入。

泡椒芹菜木耳

芹菜洗净切丝，木耳泡开后用水稍微焯一下，与芹菜一起加盐、鸡精、泡椒、白糖、白醋拌匀就是很爽口的凉菜。芹菜是入肺经的，而且含有丰富的纤维素。木耳有减肥消脂的作用，而且可以保持大便通畅，这两个菜很对味，可以作为每天必备的凉菜，坚持吃1个月，血脂可以明显下降。

鲫鱼萝卜汤

鲫鱼500克，去内脏洗净。萝卜（象牙白、白萝卜均可）500~1000克，擦丝。

　　鲫鱼和凉水一起下锅同煮，这样煮出来的汤是白色的。汤开后下萝卜丝，开锅后开盖，使萝卜辣气蒸发，煮至萝卜丝烂，加2勺黄酒，再开就可出锅，加盐、少许鸡精调味即可。

　　这个汤因为没有脂肪所以热量很低，但保证了优质蛋白的供应，同时也发挥了萝卜的消脂效果。

阴血亏导致的干瘦

　　过瘦的女人缺少女人味儿，更缺少神性。女人的神性是离不开生殖的，后者需要一定的脂肪含量做基础，"人参归脾丸"、"六味地黄丸"在这里很给力，因为它们都有使人"肥白"的效果，归根结底就是帮瘦人补血、补阴。

⊙没有神性的女主角

　　一部有史诗感的大制作电影，一般都有个美丽的、有神性的女主角，意大利的莫尼卡·贝鲁奇和中国的巩俐都在此列。有神性的女主角首先必须具备的一条就是体态丰满。

所谓女人的"神性"，是要包括精神上的母性和生理上的生殖力的，后者是由体内脂肪决定的。

女性控制性别的基因，要在青春期来临，体内脂肪储量到达一定数量时，才能把遗传密码传递给大脑，从而产生性激素。而女性体内的脂肪含量超过体重22%时，才能维持女性的正常性征。所以，过去很多运动强度特大的女运动员，比如马拉松运动员，在训练期间经常出现停经问题，怎么吃药也调整不好，但是，只要一停止运动，人稍微胖点，月经马上恢复了，究其停经的原因，就是艰苦的训练使她们的体内脂肪下降到20%以下了。

现在很多女孩子为了减肥吃素，这其实有点冒险，因为吃素是引起闭经的原因，而且已经多次被报道过了。

闭经就是子宫内膜不能按月增生脱落而使月经停止了。任何一个器官都有用进废退的问题，子宫内膜的增生停止，也意味着子宫功能的停止，子宫内膜开始萎废了，因此，闭经是可以导致不孕的，这是闭经的一大后患。吃素导致闭经的首要原因是吃素使身体过瘦，女性的脂肪低到了一定程度时，身体自己就会感到危机，和心肺那些生命攸关的器官相比，月经这种生殖功能肯定是次要的，所以身体会在营养不良、气血不足的时候，率先停掉次要功能以保证重点，在女性就是月经失常。所以，从月经来潮的情况就可以看出一个女人身体的状况、健康的质量。再有一个原因是，吃素使食物的营养出现偏颇，激素的分泌失衡了，这是引起停经的另一个原因。所以，如果一定要吃素，至少要多吃豆类、豆制品，保证"大豆异黄酮"这种植物性雌激素的摄入。

　　从西医角度讲，脂肪之所以对女性这么重要，因为它也是生成雌激素的重要场所。女性身体也能分泌雄激素，一部分雄激素就是要在脂肪中转化为雌激素，成熟女性如此转化而来的雌激素占体内雌激素总量的1/3。可见，只要脂肪过少，转化的场所就减少，体内雌激素的量就会降低。男人们不喜欢过瘦的女人，这不仅是审美问题，还有一种是生理的本能性选择，因为消瘦确实能削减女人味儿。

　　雌激素的重要，不仅在于它能维持女性的性征，比如乳房的丰满、骨盆的宽大以及月经的正常来潮。除此之外，雌激素对皮肤有着其他物质不能替代的作用，就是它能使皮肤中的水分保留下来，具有保水作用，是一个天然的"保湿剂"。所以，青春期的女孩子，皮肤一般都是水灵灵的，很细嫩，就是因为她们的雌激素分泌充足，使皮肤里的水分保留充足。相反的，女人变老的标志肯定是皱纹产生，除去因为日晒、缺水等外在因素引起的细小皱纹外，雌激素水平的下降是首要问题。因此，如果你本身就是个消瘦的人，自身转化雌激素的场所就有限，自然就会比丰满的女人皮肤显老。因此，女人的适度丰满是必要的，过瘦的女人往往有阴虚、血虚的问题。

　　著名女作家严歌苓早年写过一本小说《扶桑》，是写一个19世纪被卖到美国去的中国妓女，"扶桑"是她的名字。"扶桑"美丽、丰满，而且每次月经都"汹涌充盛"。虽然严歌苓不学医，但这个描述是符合医学道理的，充盛的月经是气血旺盛、肝血不虚的标志，这是女人青春常在的前提。

⊙"人参归脾丸"可以把"黄瘦子"吃成"白胖子"

消瘦的女人想增肥，想变得丰满，其难度不亚于胖子减肥，因为她们的瘦是因为脾胃出了问题，这就非一日之功了。这种脾胃有问题的人，要么不能多吃，要么吃了也白吃，消化吸收不了。

中医讲，脾为"后天之本"，很多后天因素都可以决定脾胃的强弱，比如生了场大病，伤了元气，从此之后很长时间胃口不好，消化功能下降。再比如平时吃东西不注意，冷的热的乱吃，不按吃饭的时间吃，日积月累就会把胃给吃坏了；还有一种就是因为长期的忧思，不愉快，由伤肝导致的脾虚，所谓"肝木克脾"，这种情况更多见，而且难以察觉。

中医讲，"女子以肝为先天"，一是因为肝生血，女人是要靠血养的；另一个原因是，女子更容易伤肝，这是她们先天的薄弱环节。这个肝自然是中医的肝，情绪压抑、悲伤都可以导致肝气郁，气郁日久就要暗耗阴血，直接影响脾的化生气血的能力，所以才把"肝"的特殊强调出来。

中国字中的"嫉"、"妒"都是"女"字旁，也是因为女人的性情特点，一般的女人都比男人心重，这种情绪问题影响的主要是中医说的肝。

还有就是思劳伤心，从伤心到伤脾。大家都有经验，即便是对着一桌美味的盛宴，突然来个噩耗，再好的食物也没了胃口；复习考试的时候，用脑过度，很少有胃口特好的，考试之后人都考瘦了。西医说的消化系统，也就是中医的"脾胃"，是和用脑、用心关系最密切的一个器官，用脑过度、操心太多可以直接伤脾，这就是中医讲的"忧思伤脾"的含义，这也是心思太细密的女人常有的。

因为在五行中，脾属于土，心属于火，土生火，火是土之子。如果儿子太过强盛，可以反过来欺负母亲，这叫"子盗母气"，也就是说，如果心事太重了，可以反过来克伐脾胃，影响消化吸收。

无论是因为肝气郁还是因为劳心，最终都会导致脾胃气虚，消化吸收不好，严重的会出现贫血，有的时候虽然指标上看不贫血，但往往都属于中医血虚的范围，那是因为身体里看似合乎标准的血，因为缺少脾气的推动而不能充分利用了，因此也会头昏、疲惫、面色无华，而且还会出现失眠。一般情况下，胖子都是比较能睡的，瘦子里失眠的多，就是这个道理，失眠反过来又影响消化吸收，形成恶性循环，身体越来越瘦。

阴血虚了，为什么会影响到睡眠？

中医讲，"阳入于阴则寐，阴出于阳则寤"。寐就是入睡的意思，人入睡的时候是要将阳气藏到阴血之中的，也就是心气、心神要回归到心血之中，好像"游子"，白天在外边折腾一天，到了晚上是要回家的。"游子"是心神，"家"就是心血，如果心血少了，甚至枯竭了，这个"家"就没了，"游子"就无家可归，真的成了到处流浪的"游魂"，心神没处寄居，结果自然是失眠。

而且这种心神无所寄居的人，还特别胆小，一点声响可能就会吓一大跳，之后好长时间心都放不下来，总是一惊一乍的。这也是因为他的心神没有心血的收养、保护，始终颠沛流离在外，所以才比正常人更容易受惊。

现在药店里卖的"人参归脾丸"，一直被认定是"脑力劳动者专用药"，因为动脑子的人肯定也要动心，他们的感情比其他人细腻，更容易产生忧思，所以是脾虚的高发人群，他们经常会面色萎黄，爱失眠，年纪轻轻就开始健忘了，不吃不睡的，自然要变得消瘦干瘪。

其一，"归脾丸"是通过归脾达到了补血的目的。血足了，睡眠就好了，人体也得到濡养了；脾气足了，就有可能上养清空，大脑的供血就充足了，健忘就会好转；脾气不虚了，原来不好的胃口会被打开，过去吸收不了的营养现在可以被吸收，一个能吃能睡的人，还愁不长肉、气色不好？这个道理在心重的女人身上也适用。

如果你是一个抱怨消瘦的人，而且在消瘦的同时并没被夸苗条，相反倒给人憔悴的感觉，像个黄脸婆，那一定是皮肤缺乏光泽，身材失于丰满，这个时候"人参归脾丸"其实是个从根本上帮你美容丰腴起来的药物甚至是保健食物，可以长期吃，一是因为脾虚的纠正乃至心血的补足不是短期内能速效的，至少要有1个月到2个月的过程才能使疗效巩固。

其二，"归脾丸"的药材组成很周到。归脾丸的药材中除了直接补血的龙眼肉、当归，还有能补气、使血细胞增长的黄芪和人参，通过补气使血不再虚，而且可以为身体所用，这种方式不是简单的"给人鱼"，而是"授人渔"，就是教给一个想吃鱼的人捕鱼的本事，以后想吃的时候自己去捕，而不是每次吃都要借助外力，向别人要。气不虚了，人就可以自己生血，所以这是个从根本上改变血虚的方子。既然是从根本上改变，就要给它作用的时间，"授人渔"肯定比"给人鱼"要起效慢一点，一般要吃一两个星期才能明显见效。

⊙ "六味地黄丸"是干瘪女人的"滋润剂"

从中医角度讲，瘦人除了血虚，还会阴虚，中医的"补血补阴"，往往针对的都是瘦人，所谓"胖补气，瘦补阴"。

我们可以看看甲亢病人，到了甲亢后期，人会变得很瘦，而且是缺少水分精瘦精瘦的，皮肤也是干枯的，严重的时候，月经也会停止，好像身体里的水分、血液都被虚火耗干了一样。中医辨证的话，大多是"阴虚火旺"，祛火的同时要补阴，否则阴血就要耗尽，女人就无法成为女人了。虽然一般阴虚的女人未必严重到甲亢的地步，但如果阴虚就容易干瘪，干瘪本身也加重阴虚，只有打破这个恶性循环，女人才能恢复阴柔的女人味，包括恢复皮肤的柔润。

对这一点，清代著名画家傅青主（傅山）有很好的论述和治疗经验。傅的医技和画技一样高超，《傅青主女科》至今都指导着女性疾病的治疗和身体的保养。傅青主强调的就是补肝血，补肾阴，六味地黄丸就包括了女科补血补阴的"圣药"：当归、熟地、山萸肉、山药……

如果你是一个干瘦型的女人，"六味地黄丸"、"杞菊地黄丸"、"麦味地黄丸"都是应该长期吃的保养药。它们是从肾阴开始补起，肾阴是全身阴津的基础和仓库，肾阴足了，肝血、肝阴也就足了，有"大河有水，小河不干"的意思。很多人以为"六味地黄丸"是男用的，因为它是补肾的，其实补肾包括了补肾阴和补肾阳。对男人来说，容易出问题的往往是肾阳，肾阳虚，这种情况应该吃的是"金匮肾气丸"。而"六味地黄丸"解决的是阴虚，适合吃这个药的人一般都偏瘦，而且手脚心热，严重的有盗汗。具体到女人，可以因为阴虚而精瘦，皮肤缺水、干枯，这种情况单纯地多喝水是于事无补的，必须通过药物滋阴，平和的"六味地黄丸"就是这类干瘪女人的"滋润剂"。

"杞菊地黄丸"和"六味地黄丸"都是补阴的，但当你的阴虚很突出地表现在了眼睛、耳朵上，眼睛觉得干涩，耳朵总是像蝉叫一样的鸣响，就更适合吃"杞菊地黄丸"了，因为枸杞和菊花有养肝明目的作用，或者用枸杞、菊花沏茶喝，送服"六味地黄丸"，也能兼顾到眼睛和耳朵的问题。

"麦味地黄丸"则是在"六味地黄丸"补阴的基础上，针对这些人夜里睡觉的出汗问题，这种汗都是醒了之后发现，衣服、被子是湿的，因为好像是偷偷出的，所以叫"盗汗"，如果出现盗汗就是典型的阴虚。也有的人，除了夜里的盗汗，白天也很容易出汗，他们不像胖人，因为热而出汗，他们是在阴虚的基础上又有气虚了。气虚，固护表气的能力就弱，汗就容易出，这样的人有气阴两虚的问题。"麦味地黄丸"里的麦冬和五味子针对的就是出汗问题，能帮助身体把营养物质收敛住，别都随汗出去。

需要注意的是，补阴药的起效速度要比补气药缓慢，所谓"无形之气易生，有形之血难长"。因此，你不可能期待吃了"地黄丸"系列能让你迅速改善阴虚、消瘦的问题，至少要在吃了一两个星期之后才能感受到明显的疗效，发现自己逐渐温润了起来，从某种意义上说，"六味地黄丸"是个很稳健的增肥药，它的增肥是通过补阴完成的。这个"肥"是丰润的意思，女人只有在身体丰润之后才可能谈到皮肤的美白、细嫩。

⊙丰满白皙四宝物

1. 黄精

虽然现在人们开口闭口谈养生，但熟悉黄精这味药功效的人并不是太多，事实上，黄精是一个能使人变得丰满白皙的药物，是很好的补气补阴的药物。《本草经疏》就对它评价说："黄精君，纯得土之冲气，而禀乎季春之令，故味甘气和性无毒。"

黄精的颜色是黄的，黄色入脾，所以能很好地补脾气，脾气强了，"则五脏皆实，实则安，故能安五脏"。黄精一直是中医养生的上品，翻阅过去的古典医籍，经常有类似记载："能服饵驻颜，久而弥胜矣。"就是说，常吃黄精可以保证容颜的青春，作用机理就是黄精通过补气使阴血不虚。干瘦而且阴虚的女人可以用黄精和枸杞进行滋补。

黄精枸杞膏

黄精100克，枸杞50克，一起煎汤，之后将汤过滤出来，自己调上蜂蜜，做成糖浆或者是药膏放在冰箱里，每天早晚各吃一次，这个量可以吃7~10天，滋阴补血。

2. 山药

山药是现在讲究养生的人常吃的，也很适合瘦弱的女性，因为山药也是补脾的。《本草纲目》中记载它能"长肌肉，强阴，润皮毛"，其实就是通过补气使气血充盈、身体丰满、皮肤润泽。秋天是山药上市的季节，通过它的补益不可能速效，所以要形成习惯，每天坚持吃半根（500克左右），蒸熟之后加点蜂蜜最好，调味兼以润燥。

3. 黄豆

中医有个名方，叫"肥白方"，顾名思义，是吃了之后可以使人丰满白皙。其中就两个食物：一个是黄豆，一个是猪油。对这个方子的评价，《名医别录》中说：大豆黄（大豆的种子发芽后晒干而成）主治"五脏不足，胃气结积，益气止痛，去黑皮干，润肌肤皮毛"。猪油补虚润燥，使人肥健。两者合用，有补益肺脾，增进食欲，令人肥白之效，故名"肥白方"。

肥白方

将大豆或黑豆洗净，用水浸泡，待外皮微皱时捞取，放入竹筐内，上盖湿布，每天淋水1~2次，保持一定湿度，使其发芽。待芽长到1厘米左右时，取出晒干，炒熟磨粉，然后加入猪油适量，拌匀，制成重约10克的丸，每次2丸，每日2次，可渐增至每次3~4丸。

很显然，能使人"肥白"同时保持健康的就是大豆，可以是黑豆也可以是黄豆。现在治疗更年期综合征，很多女人都去吃"大豆异黄酮"，因为"大豆异黄酮"有类似雌激素的作用，可以使因为雌激素突然下降带来的不适得以减轻或者消失。也就是说，能提纯出"大豆异黄酮"的大豆，可以作为保持"女人味儿"的食物经常吃。《本草纲目》中记载它是"久服，使人好颜色，变白不老"，这应该是对大豆最权威的褒奖了。

为了补钙，预防骨质疏松，到底是该喝牛奶还是豆浆，专家们一直各持己见，这就要看给谁喝，在什么时候喝。虽然牛奶的蛋白质和钙质的配比最合理，最好吸收，但如果是个接近更年期，或者身体消瘦，虽然没到更年期，但已经有了卵巢早衰征兆的女人，豆浆就比牛奶好。因为其中的"大豆异黄酮"可以使你在补钙的同时，补充植物雌激素，抑制早衰的发展，这也是大豆可以使人"变白不老"的物质基础。

4. 醪糟

醪糟是用糯米发酵而成的，南方人经常吃。"醪糟炖蛋"则是干瘦女人最该坚持吃的早餐。

《本草纲目》中评价糯米"暖脾胃"、"补中益气"，发酵了的糯米又增加了热性。身体消瘦的，阴血虚的人，是很容易出现血瘀的，而血有"得热则行"的特性，醪糟的这点温性正好能和缓驱散瘦人身体中的寒气，防止进一步的血瘀。

老话讲"上床萝卜，下床姜"，之所以要在白天活动的时候多吃姜，就是出于御寒的目的，在这一点上，温性的醪糟也有类似的作用。每天早餐用它炖一个荷包蛋，热量和蛋白质都兼顾的同时还能发挥活血化瘀的药效。发酵了的糯米更容易吸收，在胖人是个增肥的大忌，但这一点正好为瘦人所用。

5. 蜂王浆

我有一个朋友，是妇科内分泌的专家，她在临床上要根据病人的内分泌情况，通过微量的雌激素调节那些"更年期综合征"的病人。有一段时间，她经常接到陌生人的电话，问她在哪能买到雌激素。后来她发现，这种电话都是美容院的人打来的，他们想将雌激素的保水作用用在他们自制的护肤品中，这是切实可行的，而且可以很快见效，因为雌激素是可以透过皮肤吸收的。

日本人过去做过实验，他们将一种含有微量雌激素的物质让更年期的女性涂抹在大腿内侧、皮肤最薄的地方，结果发现，这些涂抹过这种物质的女性，更年期的不适明显减轻，而且大腿上的皮肤也变得比其他部分细腻！可见，雌激素是可以透过皮肤吸收的，而这个包含了雌激素的物质就是在日本卖得很贵的蜂王浆！从某种程度上说，蜂王浆是可以借助的美容驻颜食物！

雌激素透过皮肤吸收的效果很好，对局部皮肤的保水作用非常直接，但是有个问题是，如果你的雌激素摄取过多，雌激素和体内其他激素之间的比例被打乱，就会导致妇科恶性肿瘤的发生。现在女性妇科肿瘤的高发，就和我们处于"环境雌激素"中有关。

"环境雌激素"是人们服用的避孕药物或者使用的化学洗涤产品，排放到环境中降解产生的。现在的女性比她们的母亲、祖母那一辈从面容上显得年轻，很多年过四十的人仍旧青春靓丽，和无时无刻不与"环境雌激素""有染"有直接关系。由此可见，使用雌激素来美容是要冒罹患肿瘤风险的。因此，我那个做妇科医生的朋友，从来不买美容院自制的护肤品，特别是那种用了之后很快就使皮肤显出水嫩的产品，因为只有靠雌激素的作用才能这么速效！而雌激素的作用，做医生的她自然非常了解。

但是蜂王浆就另当别论了。鲜蜂王浆由100多种珍稀成分组成，其中含有大量的氨基酸、维生素和微量元素，能完善人体营养，满足人体需要。蜂王浆含有丰富高效的活性酶类和有机酸，所以能起到改善睡眠、增强体质、抵抗疾病的功能。蜂王浆中所含有的抗肿瘤抗辐射作用的物质叫"10-羟基-2-癸烯酸"，是其在自然界所独有。另外还含3%目前尚未探明的神秘"R物质"，可以起到调节代谢、活化机体的神奇保健作用。

在蜂群中，只有蜂王是从小吃王浆长大的。这个蜂王，每天都在产卵，即便如此，它的寿命是其他吃蜂蜜的工蜂寿命的50~60倍！人们就是从这个现象中发现了王浆的妙用的。

之所以很多人对它的使用迟疑，也是因为其令人永葆青春的同时也含易罹患妇科肿瘤的雌激素。但并不是说所有含雌激素的都因此被打入冷宫了，特别是当它的含量很少，不至于影响正常的生理功能，而且它的其他功效又无可替代的时候。比如你已经有了早衰征兆，消瘦、疲劳，面色看着像个"黄脸婆"一样毫无光泽，月经量也偏少，自己都感到女人味缺少了，蜂王浆其实是最适宜你的返老还童的保健品。

蜂王浆中含有3种人类生殖激素，它们分别是雌二醇、睾酮和孕酮。

据蜂产品专家测定，每克鲜蜂王浆中含雌二醇0.4167微克，睾酮0.1082微克，孕酮0.1167微克。一般成年人每人每月所需性激素的量在5000~7000微克之间，超过这个量就会对人体造成危害，不超过这个量就对身体健康有益。成年人每天即使服用20克鲜王浆，一个月只能补充4.8微克性激素，这还不到最低安全量的0.1%，如果要使补充的性激素超过这一安全量，则每月需要吃875千克的鲜王浆，显然，这是不可能的。这和蜂王浆明显改变体质的事实相比，这个缺点可以忽略不计。那些每天接触蜂王浆的工人，并没有出现妇科肿瘤的发生率增加的现象。

前面说的，日本用王浆治疗更年期，结果发现王浆是可以透过皮肤被吸收的，而且可以改善皮肤的局部状况，于是，很多化妆品中添加了王浆。其实你自己就可以制作，只要你是那种有点早衰倾向，到医院测测雌激素又确实有与年龄不符的偏低，这个时候，可以在成分相对单纯的护肤品中，加黄豆粒大小的王浆，每天洗脸后，直接涂抹在面部，它所含的营养物质，包括极其微量的雌激素都可以透过皮肤被吸收，直接在面部发挥保水保湿的作用。以前，有个很著名的保健品，叫"北京蜂王精"，就是用鲜王浆和一些中药配制在一起，给体质虚弱的人服用。配置过程有个程序，就是用手调制鲜王浆，后来工人们发现，不管这个环境的工人是男是女，年岁大小，经常接触鲜王浆的那只手的皮肤总是非常细腻，没有皱纹，像少女的皮肤一样，这就是鲜王浆护肤效果的铁证了。在日本，目前1公斤鲜王浆的价格接近1000美元，远远超过中国的价格，之所以他们舍得花重金购买，肯定是源于它不可替代的营养

价值。

如果你是早就有"黄脸婆"的症状，而且总觉得体力不支，很疲惫，可以在清晨起床后用不超过体温的清水送服1勺左右的王浆，一个星期后，你会明显地感到饮食和睡眠的改善，变得能吃能睡了。

⊙骨盆大能避免许多盆腔疾病

过去婆家挑媳妇有个标准，就是屁股要大，所谓"肥臀丰乳"的"肥臀"，为的是保证生育，传宗接代，这是多年的经验之谈，也确实符合生物进化的结果，是繁衍所需。所谓大骨盆，其实是说骨盆是开着的，这是女性的正常体形。

和男性相比，女性骨盆外形短而宽，骨盆上口接近圆形，较宽大，骨盆下口和耻骨下角较大，女性耻骨下角为90°~100°，男性为70°~75°，这种结构是先天地为女性相对复杂的盆腔器官以及以后的分娩作了准备，所以，骨盆紧致的女人，容易出现妇科问题。

对此，你可以自我检验：平卧，两腿放松伸直，两只脚会自然待在那儿。如果是正常的骨盆，两脚之间分开是45°；如果骨盆是开着的，这个角度就要大于45°；如果是骨盆窄，角度就小于45°。有的人脚是向内缩的，或者脚是歪的，她的骨盆也会有问题。

骨盆小的女人，确实容易出现月经问题，因为骨盆太小、太紧，血液循环就会受影响。细心的妇科医生观察过，很多20多岁就没了月经、闭经的小女孩，体形大都是瘦瘦的，骨盆和男孩子一样小。而女性特有的雌激素的作用之一就是保持女性的曲线，包括骨盆的相对丰满，这种消瘦的女孩子，雌激素肯定也是低的，以前挑媳妇时凭借的是多年经验，现在看来确实有医学依据。

对骨盆特别窄的人，平时要注意主动去打开它，比如练瑜伽时坐着的姿势，是把两个脚心相对，然后让两个腿逐渐向外撇。如果你是小骨盆，这个姿势就有困难，塌不下去，这就需要训练，先要收里面的肌肉、韧带，慢慢地把它打开。

打开的时候要不光注重下面，要把腿放好，脚心相对，同时上身一定要挺起来，可以靠在墙上挺直。这种锻炼最好能养成习惯，比如每天晚上看电视的时候，可以在后背放一个垫子，靠在墙上，脚心相对，慢慢地将胯打开，骨盆舒展，对改善小骨盆的紧缩状态、改善盆腔的血液循环都有好处。

如果你先天就是这种骨盆狭窄的体形，那就千万别受凉！因为盆腔血液的运行空间本身就小，再一受凉，就更容易有瘀血了。不要呆板地执行"春捂秋冻"的说法，至少你在入秋后要尽早穿厚裤子；针对盆腔作特殊的保温处理，比如在肚脐的周围和腰部，用上可以自动发热的"暖宝宝"；平常休息时，可以在腰上敷个热水袋，使盆腔白天受到的寒气得以驱散出去；入冬之后每天做做灸疗，重点也是围绕腰腹部的，别让寒气积蓄下来。这些都是帮助你改善骨盆条件先天不足的办法。

盆腔灸疗护理法

盆腔后部正中，是"八髎穴"的位置，就在骶骨上，是治疗痛经常用的穴位。冬天的时候，可以每天在看电视时用热水袋或者"暖宝宝"之类热熨15分钟，让热气透入盆腔，化解瘀血，也可以预防和治疗因寒导致的痛经。

肚脐下一点五寸和三寸的地方，也是温肾驱寒的重要穴位，分别是气海穴和关元穴，都是中医的强壮穴、补气穴，是虚弱干瘦女人适于长期温灸的穴位。

从药店买来艾条，用食指、拇指和中指捏出一撮艾绒，并且捏实。切生姜一片，并用针稍微扎几个小孔，置于这两个穴位上。将捏好的艾绒置于姜上点燃，让其热性透过生姜直达盆腔。这样一撮艾绒燃烧完叫"一壮"，每天可以灸三至五壮，坚持下来冬三月，你会明显地感到身体强壮，面色红润。

需要增重，让自己看起来风韵润泽一些的女性，可以尝试下面一些食疗方子，如能坚持吃，会有很大补益：

三红汤

大枣10枚，山楂10枚，枸杞25克，共同煎汤煮水，以此汤代茶。这是一个老中医的自制补养茶，这位中医年过90仍旧身体健康、头脑清晰，这个她自己吃了多年的"三红汤"也适合所有消瘦、体弱的女性。

大枣补血健脾，山楂可以化瘀，因此兼顾到了女性盆腔瘀血，枸杞补益肝肾阴血，加在一起不仅味道不错，酸酸甜甜，而且经常坚持的话确实可以改善气色，只要血不虚不瘀，女人的干瘦、无华自然就解决了。

醪糟桂圆炖蛋

醪糟两大勺放锅中，加水煮沸，将鸡蛋1枚打入，同时加入龙眼3~4枚，同煮至鸡蛋熟即可。龙眼肉有温阳补血的作用，加重醪糟的温补之效，是气血亏虚女性入秋之后的最好早餐，兼顾了补益的同时还保证了蛋白摄入。只要最近没有感冒、上火问题就可以吃，如果觉得吃了上火，可以去掉龙眼肉，只吃醪糟鸡蛋，补益的作用稍弱一点。

红枣山药粥

大米或者糯米如常煮粥，开锅后加入大枣10枚，山药丁半斤，待山药变软即可。这个粥从山药上市就可以开始吃，毕竟是食物，不可能期待速效，但持之以恒却是改善虚弱、干瘦体质的保证。

王浆橄榄油面膜

晚上清洗面部后，将护肤用的橄榄油倒入手心，加黄豆大小的鲜王浆，调匀后涂于面部，第2天起床时再洗掉，每周2~3次。

第四章
女人·病

　　"神经性头痛"在女性中常见，而且难治，很多时候是因为吃药吃错了时间。肝郁导致的头痛，要吃疏肝的药；脾虚导致的头痛，要用健脾的方……痛的时候才临时抱佛脚，想要速效只能是吃名目不同的止痛药了。失眠之所以难治，同样是没有消除引起失眠的原因，中医是没有安眠药的，它治疗失眠靠的是去除引起失眠的病根儿……至于各种难缠的妇科问题，查明原因乃至去除病根同样是关键。

最容易吃错药的头痛

在皮肤保养、妇科疾病之外，女人还关注的一个问题是"神经性头痛"，这种病女人得的非常普遍，原因有两个：一是她们的激素比男性要复杂，二是因为她们的情绪敏感，环境的微小刺激都可以被她们放大，虽然这种头痛不要命，但因为没有能根治的药，几乎是"绝症"。

⊙ "神经性头痛"要在不痛时吃药

我有个同事，一直有神经性头痛，她想中药一定更能去根儿，就吃了一种从新加坡进口的治疗头痛的"中药制剂"，上面写着"活血化瘀"。还真是一吃就不疼了，但是唯独没有减少发作，每次还要靠吃这种药才能把难忍的疼痛熬过去。我一听就开始怀疑：这是中药吗？如果是中药的话，起效一般没那么快，而且要是真的可以改变、根治，不管她是因为血瘀还是气虚，吃了那么长时间，根本问题也应该解决了呀？至少可以使发作的次数减少，为什么她始终没离开药物？没过多久，卫生部查处一批违法添加西药的中药，其中就有这个药！而且添加的止疼成分早就因为严重的不良反应被禁用了！原来它的止疼作用并非其中的中药，而是藏在中药里面的"添加剂"，而这，是很多所谓"纯中药制剂"的假药制造者惯用的办法。

　　因为偏头痛、神经性头痛实在难忍，病友之间会有很多经验互相介绍，上面的例子对大家应该是个提醒。真正能根治偏头痛的药物，未必马上起效，也不是吃一次就能解决问题的，而是一个相对缓慢而长期的治疗过程。但只要你完成了这个过程，解决的可能不止是偏头痛，很多相关问题，比如血瘀性头痛的面色发黑发暗，心血虚性头痛同时伴有的失眠、心烦也都迎刃而解了。之所以很多人吃了很长时间的药，但头痛问题始终没根治，是因为一般的服药都是"临时抱佛脚"，疼的时候吃几片能止疼的药，这是治标不治本的。

　　但是话说回来，吃中药就能治本吗？事实上，只要在"神经性头痛"发作时才吃的药，不管是中药还是西药，一般都难切入实质，正确的治疗应该是在不疼的时候吃药！把引起头痛的问题提前消除了，才是治疗的真谛。因为无论是气郁还是血瘀或者是气虚引起的头痛，都要消除引起头痛的原因，也就是要通过疏肝理气、活血化瘀乃至补气才能使疼痛不再犯。

⊙月经前发作的头痛吃"加味逍遥丸"

　　观察一下，如果你的头痛发生在每次月经来之前的话，在中医里面往往属于"肝郁"。有时候是偏头痛，有时候是全头痛，这都无所谓，因为医学上的"偏头痛"是可以累及整个头部的。这种痛一般在来月经前1周或者10天就可能出现了，越来越痛，到了月经真的来了，症状反倒开始缓解，这种状况去看西医，会得出一个"经前期综合征"的

结论。

对"经前期综合征"更多人的感受是情绪上的，典型的是脾气坏，月经来之前，看什么都不顺眼，为点小事就要发脾气，连身边的男同事都逐渐掌握到规律了，到了那几天就躲着她。这种人自己观察一下还会发现，除了脾气坏，很多"神经性头痛"也就是这时候发作。有的人还有失眠，没有原因的睡不着或者睡得不踏实，再有就是乳房胀了，严重的时候走路的震动都能使胀痛加重，有的人内衣硬一点，乳头都会因为摩擦而疼痛。这在中医就是典型的"肝郁"，是"肝郁"导致的头痛、发脾气。

中医所谓"肝郁"，主要和情绪有关系，因为女性的情绪更加敏感脆弱，更容易心眼小，所以也是"肝郁"的高发人群。但是，这并不意味着"肝郁"仅仅在情绪上作祟，"肝郁"伤身其实很严重，因为它是暗耗肝血，最典型的、极端的就是林黛玉。

林黛玉是个有小性儿的人，太聪明也太敏感，别人没觉得怎么样，在她已经构成刺激了。这种人是很难幸福的，身体也很难健康，因为情绪不畅造成的"肝郁"，首先要耗的就是肝血，而女人是要用血养的，尤其是肝血，所谓"女子以肝为先天"。林黛玉最后消瘦羸弱而死，如果在中医看，其实就是肝血耗尽了，是因郁而死，这当然是极致。

很多时候，同龄的男人会比女人年轻，虽然他们也不保养皮肤，甚至一辈子没用过擦脸油。很多人说这是因为他们没有生育的任务，其实这只是一方面，更重要的问题是男人比女人要少很多"肝郁"的机会，他们心胸相对开阔，或者有很多事情需要去关注，不至于，也没时间去钻牛角尖，虽然也有烦心事，但比女人容易平复。因此，著名的"加味逍遥丸"最初就是专门为女人创制的，因为女人容易肝郁，也因此容易暗耗阴血，之所以比同龄的男人显得苍老憔悴，和她们的皮肤没有足够的阴血濡养有很大关系。所以，即便林黛玉能躲过因郁致死的一劫，也不会是个绝色美女，她的皮肤肯定没有宝钗好，因为后者不像她那样自虐。

容易有"经前期综合征"的人，并不是只在月经前出现"肝郁"，只是月经前表现得更加严重罢了，她们本身也是"肝郁"的体质，包括这种"神经性头痛"，为什么单独挑上她们？也是因为她们有"肝郁"的"短处"。对这种人来说，首先要放开心胸，"肝郁"人的不愉快很多是自己和自己较劲的结果，所以轻的会有"经前期综合征"神经性头痛、乳腺增生，重的会有肿瘤，特别是乳腺肿瘤，因为乳房是肝经所过的，肝经出现的问题都会殃及乳腺。因此，这种"肝郁"的人对自己宽松应该是一生的事。从药物角度上说，疏肝解郁也是她们要长期执行的一种保养甚至是防病方式。

具体到治疗这种头痛，应该是在月经来之前，提前1~2周就开始服用"加味逍遥散"，或者在这个方子的基础上，根据自己的不同情况加减，提前把郁结的肝气疏解开了，头也自然就不疼了。这样的治疗要坚持3个月的时间，每次都在月经来之前的1周左右开始吃疏肝药，至少能自己吃吃"逍遥丸"，通过3个月的时间基本上可以将原本很容易郁结的肝气疏解开，这才是治疗这种头痛的根本性办法。对她们难以改变的肝郁体质，这种疏肝解郁药是要常备的，能防止肝郁对肝血的暗耗，防止因为郁结导致的肿物的生长，在某种意义上，称"逍遥丸"之类的疏肝药为乳腺增生，乃至乳腺癌的预防药，也不为过。

现在很多人喝花草茶，为的是驻颜美容，容易肝郁的人可以喝"玫瑰花茶"、"薄荷茶"，玫瑰花有理气解郁的作用，但它毕竟是花草类药物，效力有限，只适合化解平时的小结、小郁。

> ### 玫瑰花茶
>
> 玫瑰花4~5朵，加少许冰糖，开水冲泡三五分钟，待花香味溢出后就可以饮用。月经来之前可以每天喝，辅助起到疏肝作用。

⊙月经后发作的头痛吃"八珍丸"

也有的人是月经之后疼痛，而且这种疼一般是空痛，痛的时候喜欢用手按着或者是用个毛巾裹着，和月经来之前的疼不一样，这种性质的疼就和血虚有关系了。

中医对疼痛之类的辨证有个诀窍，就是要看什么时候发作，如果是累了之后，或者是消耗之后发作或者加重，往往是虚性的，可以是血虚也可以是气虚，中医用"烦劳则张"来形容它，就是累了之后加重的意思。

有的人在劳累之后会发烧，一般是身体很瘦弱的女孩子，上午很累，特别是周一，到了下午就开始发烧，而且这种烧体温不会很高，一般在38℃以下，去医院检查什么问题也没有，但是，要是休个假，烧也就不发了，我的一个朋友就如此。她是某网站高管，压力很大，特别是周一，繁杂的事情特别多，以至于她每到周日的下午就开始紧张，畏惧第2天的工作，到了周一下午，各种事情处理得差不多了，人困马乏的时候开始意识到自己发热了。后来找了中医看病，开的是"补中益气汤"的方子，吃了半年，烧不再发了，而且体质也好多了。这就是典型的气虚发热，必须用补的办法退热，如果换成了最常规的清热药，肯定起反作用。

月经之后的头痛也是这个道理，这种人一般是血虚，月经期的失血加重了她们的血虚，头痛就是因为血虚到了不能上养头目的程度，所以是空疼空疼的感觉。我上面说的那个白领，除了低烧，还有月经之后膝盖酸的毛病，每次月经之后，膝盖都酸得像爬了一次山一样，又酸又软，使不上劲，这也是典型的血虚，肝血虚。中医讲，"肝藏血"，"肝也主筋"，腿酸就是因为筋缺少血的濡养了，月经之后加重，是因为月经的失血加重了她的血虚。

这种人的面色也不会好看，要么是萎黄的，要么是惨白的。月经本身也有问题，一种是月经量少，颜色淡，月经之后不仅头痛，而且还会肚子痛，也是空空的，喜欢用手按着的痛，这种腹痛也是血虚在月经后加重的标志。还有可能是月经量多，行经时间长，但是颜色很淡，到后来都成了粉红色，质地也很稀，这就是气血双虚了。因为血虚所以月经色淡，因为气虚所以固摄不住血脉，使血妄行，止不住，别人五六天，她可以淋漓不尽地八九天甚至更长，如果有了这些症状，就更证实是气血双虚。

这时候要吃补血药来避免下次月经之后的头痛发作，以及和月经同时出现的诸多问题，药店里能买到的"八珍丸"就可以。这个药一共8味，4味补血的，当归、芍药、生地、川芎；4味补气的，人参、白术、

茯苓、甘草。等于是气血双补的方子，通过让气血充足，头痛的毛病不再犯。

现在很多地方讲究吃膏方，就是让医生根据你的体质，设计出一个相对大的方子，利用人在秋冬这个寒冷季节里身体处于收藏的状态，把各个方面的虚损补益上去。"八珍丸"就是个可以参照的膏方基础方，如果不去开膏方，可以坚持吃3个月的"八珍丸"，到来年的春天，面色会好一点，体质会好一点，头痛的问题也该彻底除根儿了。从某种意义上说，"八珍丸"也是因为血虚导致的"黄脸婆"们可以给面容"扫黄"的好药。

需要说明的一点是，"八珍丸"里全是补药，所以吃的时候要注意你的消化能力，如果你本身就是胃口不好，吃得很少，吃多一点就消化不了，那么你的血虚可能是因为吃不进去营养造成的，这个时候需要增加脾胃的消化能力。可以用"香砂六君子"与"八珍丸"同服，气血双补的同时，还增加补脾化滞的力量。

如果你是胃口不差，饭量挺大，但吃了之后消化很差，吸收不了什么，肚子怕冷，大便不成形或者总是很糟，经常有不消化的食物，舌头颜色很淡，而且很胖，好像总是水汪汪的，这就有可能是脾阳不足，火力不够。光补气是不够的，要增加点火力帮助脾胃的吸收，这个时候可以用"理中丸"配合"八珍丸"吃，等肚子发凉的感觉好转，就把"理中丸"去掉，单纯吃"八珍丸"。因为"理中丸"性质热，一般情况不能吃3个月，否则会上火，但"八珍丸"里没有附子那么热的药，只要你是个瘦弱的女人，只要你月经之后的头痛没改变，"八珍丸"是可以吃上3个月的。

⊙头痛部位固定吃"血府逐瘀胶囊"

还有一种"神经性头痛",性质比较剧烈,而且头痛的部位比较固定,除了随着静脉搏动一跳一跳地痛,可能有的病人还有一些针刺感。再看她的舌质,一般都会偏暗,甚至是紫暗的,仔细观察,舌头上面还有瘀斑,面色也发暗,严重的皮肤都显得比别人粗糙,这就是血瘀导致的头痛了。她的皮肤也会有问题,中医形容之为"肌肤甲错",就是皮肤像鱼鳞一样粗糙,用什么护肤品都无法改变,这是血瘀人特有的症状。这种人,月经的颜色也会比较深,甚至有血块,来月经之后肚子很痛。要想使这种性质的"神经性头痛"不发作,或者加大发作的间隙,就要吃活血药了。

首先要搞清楚,这种人的血瘀是怎么来的。一种是之前受寒,一种是做过子宫方面的手术,比如频繁的人工流产。前者是因寒致瘀,后者是因伤致瘀,都会落下头痛的毛病。对付这种头痛,可以在头痛没发作的时候就开始吃"血府逐瘀胶囊",现在药店就有卖的,是清代名医王清任首创的,针对瘀血引起的头痛,一直沿用到现在,有了成药剂型。这个药里面有很多活血药,吃到舌质不那么暗了的时候,头痛就会减轻,这个时候,她的血瘀也解决了。

需要注意的是,在吃这些活血化瘀药的同时,一样要注意保温,这是所有看中医妇科的人被医生多次嘱咐的话,但真把这条医嘱当真的不多,因为受寒带来的问题不是立竿见影的。事实上,很多女性的问题,看起来难治,甚至找不到原因,其实都是受寒引起的,头痛只是其中

之一。

除了药物，书中我提到过一个"三红汤"，就是用大枣、山楂、枸杞子一起煎汤，每天代替茶来喝，或者干脆用榨汁机把这三样东西去核后加开水打碎后喝，味道也很好，其中的山楂就有很好的化瘀作用，包括妇科的血瘀也能兼顾到。有瘀血的女人可以经常喝这个汤，既有红枣、枸杞的补气滋阴，又有山楂的化瘀，虽然作用缓和，但融入每天的生活中，作用就不能小视了。

⊙安眠药也能当止痛药

余秋雨写了本《问学》，是他和北京大学的学生的对话录，虽然很多人不喜欢他，觉得他喜欢卖弄，但他时常能点到别人想不到的地方，在"不毛之地"上长出"参天大树"。

有个法国人对他说，中国人很没审美能力，因为在法国的中国餐厅，全部都是让人看着眼晕的"中国红"。法国人说的确实是不能否定的事实，没想到，却让余秋雨轻松地抵挡过去了。余秋雨说：你们误会了，其实中国是唯一一个用黑色就描绘出了美景的国家，中国的国画是水墨画，就只有黑白两色，因为中国人早就知道"五色令人盲，五音令人聋"的道理……

从医学角度上说，如果你看的颜色过多，你听的声音过杂，视觉、听觉就要疲劳，很多"偏头痛"、"神经性头痛"就是由此引起的，特别是女性，因为她们比男性敏感，所以更容易在五色、五音的刺激下头痛发作。

　　我自己就曾经是个偏头痛的"老病号"，基本上去10次商场，有8次回来要头痛，而且越豪华的越热闹的商场会越严重。要么就是下午开会，讨论越热烈，说话的人越多，一般都是还没等会结束，就开始头痛。每次犯的时候是痛不欲生，恨不得撞墙，真痛起来，止痛片一般是不管用的，要痛到晚上，天色转暗才能稍微好转，严重的时候一般是要呕吐一次，才可以彻底了结。

　　这种能引起很多"疼友"共鸣的症状，恰恰是"偏头痛"发作的特点，声音的嘈杂、光线的刺激就是它发作的诱因。

　　后来，我慢慢地摸索出了经验，只要是这种因为烦杂、吵闹引起的头痛，马上回家，吃一片"安定"睡觉，一般情况下，等睡醒了头痛会好转甚至痊愈。虽然治疗失眠的"安定"没有治疗头痛的疗效，但它通过使你尽快进入睡眠，而减少了被光和声刺激，等于把偏头痛的诱发因素驱除了，头痛自然可以缓解。

　　现在神经性头痛的人多了，和我们生活环境中信息过于丰富、色彩过于复杂有直接关系。这个时候，你可以用下面一些办法缓解：

　　1. 先离开吵闹的场所，尽快回家，把房间的灯光拧暗，或者把窗帘放下来。

　　2. 放一澡盆热水泡泡澡，热水能使血液循环畅通，聚集在头上的血液可以缓解下来。如果你的头痛在受凉或者风吹了的时候加重，而且感到脖子发硬，可以用热水冲冲脖子后面，那里有可以疏风散寒的"风池"穴和"大椎"穴，它们都是和头痛有关的穴位。

3. 泡澡的时候也多用热毛巾敷敷后颈，然后彻底把头发擦干，或者用吹风机的热风把头发烘干，烘干的时候也可以侧重地用热风吹吹"风池"、"大椎"这两个穴位。

4. 放一个热水袋在脖子下，裹上毛巾，用它代替枕头，等温度下降了再拿走，驱寒作用更直接。

只要你不是头痛的时候面色红赤、燥热明显的热性头痛，上面的驱寒办法都可以使用。

如果洗澡不方便，可以用热水泡脚，水最好能到膝盖的高度，如果你是因寒而痛，可以驱寒；如果是因为血热上攻，这样可以引火下行，泡上20分钟，然后睡上一觉。如果睡不着，可以吃一片安眠药，比如最常用的"地西泮（安定）"，或者"佐比匹克隆"，后者起效更快，而且睡醒了之后没有肌肉无力的"后遗"作用。在这个时候安眠药不仅是安眠，同时还具备了消除外在光、声刺激的作用，价值和效果都不在止痛药之下。

安眠药治不了的失眠

老话就说"美女是睡出来的"。觉睡不好的女人肯定皮肤不好，这是常理，这话有道理，因为睡眠是人体最重要的修复时期，最主要的修复就是身体合成新的蛋白质，补充身体不同部位出现的损耗。而脸上出现皱纹，皮肤变得松弛，无非是因为那些部位的蛋白质受损，来不及补充的结果。所以，你就是吃得再有营养，只要不睡觉，吃进去的东西就没有机会转化为身体、容貌所需的蛋白质，皮肤就不可能保持好的状态。失眠的人面色都不好，久而久之，皮肤的老态也就明显了。

⊙ "劳筋骨"是最好的安眠药

失眠很常见，在女人更常见，首先因为她们比男人敏感，心思细密，会为一点小事儿纠结很久，直接的效果就是失眠。

这种失眠，一开始是有原因的，心里不痛快，夜深人静没人打搅时白天的不愉快又在脑海中重演了，越想越气，或者越想越委屈，第一次失眠因此出现。这样的情形连续出现几次，第2天就会没精神，头昏脑涨，如此一来，人也变得紧张了，害怕再失眠。谁都知道安眠药虽然可以安眠，但其不良反应却让人畏惧，因此失眠时没人愿意轻易使用安眠药，这种心结在每次入睡时都要在此纠结，到底是吃药还是不吃药呢？要是吃的话吃多少呢？甚至为这种念头辗转反侧，睡不着时，以前所有的不快、恐惧、担忧都会涌上心头，越睡不着越想，越想越睡不着，逐渐进入一种恶性循环，很多长期失眠的人都是这种发展"轨迹"。怎么能打断这种恶性循环？当然不是上来就吃药，可以求助于运动，因为劳筋骨是最好的安眠药。

　　人体内的"皮质类固醇激素"和"褪黑素"，分别扮演着身体里的"白加黑"。白天的时候，"皮质激素"分泌；夜晚的时候，"褪黑素"分泌。"褪黑素"分泌的时候，人就开始犯困，昏昏欲睡，并且能很快进入梦境，所以"褪黑素"是种人体内自己可以产生的"催眠药"。现在市场上也有卖的，不过在中国，有个被广告叫响了的名字，叫"脑白金"，这种人体自身就可以合成的生物制剂，和其他安眠药比，确实少有不良反应。

　　而"皮质类固醇"是一种"兴奋剂"，白天的时候分泌量慢慢回升，在天快亮时达到最高峰，人就逐渐清醒了。如果睡眠充足，"皮质类固醇"就会自然循环，使人在清晨起来感到精神焕发。但是，如果连续1周睡眠不足，"皮质类固醇"的自然循环就会发生改变，它不会再在清晨上升到高峰了，所以人们就会觉得无精打采，身体因为缺少必需的"兴奋剂"而变得萎靡不振了。

　　所以你的失眠如果1周出现3次以上，持续1个月，或者1个月以上，就需要当"失眠症"去治疗了，因为人只要一天缺觉超过4小时，不仅仅是感觉不好，更重要的是，体内免疫细胞活力就减弱30%，免疫力就要下降。所以长期失眠的人身体很弱，有点"风吹草动"就感冒了。

　　很多人因为工作加班而熬夜，连续几天之后就要"上火"，比如嘴唇上起了疱疹，很多人以为是常见口疮，其实不是，那是一种病毒感染的结果，学名叫"单纯性疱疹"，是单纯疱疹病毒所引起的一种急性疱疹性皮肤病。一般都长在皮肤黏膜交界处，比如牙龈上、口腔外侧、嘴舌外侧、鼻孔附近、颜面及手指。因为是病毒感染，所以没有特效药，吃中药的"祛火"药也未必管用，一般要持续1周以上，等病毒死亡之后才能痊愈。之所以会长疱疹，就是因为缺觉使人体的免疫力下降了，病毒乘虚而入……由此可见，不失眠是保持健康、保持容颜的基本前提。

人的睡眠可以分成两种完全不同的状态：

　　一种状态是"快波睡眠"，也称"快速眼动睡眠"。顾名思义，就是睡眠时眼球转动得很快，大脑也非常活跃，人做梦往往都在这个时期，如果你每天醒来之后总能清楚地回忆起昨天的梦，就说明你的睡眠长期处于快动眼时相中，用俗话说就是睡得不沉，这样的睡眠即使睡得时间长，也仍旧不解乏。

　　另一种状态是 "慢波睡眠"，它是第一种状态的深化，睡眠人进入了更深的无意识状态，睡到了这个时期，是不会做梦的。这两种状态在睡眠过程中会交替出现，其中不做梦的"慢波睡眠"至关重要，因为它可以使脑部修补"自由基"造成的损害，完成蛋白质的合成，换句话说，你的皮肤保养就是在这个时段完成的。

大家知道，"自由基"是新陈代谢的副产物，可损伤人体细胞，是个坏东西。其他器官可以通过放弃和替换受损的细胞来修补"自由基"造成的损害，但大脑不能，它只能通过进入睡眠状态，尤其是进入"慢波睡眠状态"，然后才能利用这段难得的"闲暇时间"进行"抢修"作业，也就是说只有真的进入不做梦的"慢波睡眠状态"，人体才能得到最好的修复。很多人去医院看失眠，除了入睡难之外，还有一点就是梦

多，说是睡着了，其实大脑里乱云飞渡，结果醒了之后人觉得很疲乏。这就是说，他虽然睡觉了，但始终没进入质量最高的"慢波睡眠"中，睡眠的质量不好。

那怎么才能不失眠、不做梦，睡得深呢？其实很简单，白天体力活动多了，消耗大了之后，人往往更容易进入"慢波睡眠状态"——这是研究者做出的实验结果。

他们还发现，"慢波睡眠"时，人的生长激素分泌旺盛。生长激素对孩子来说，是可以促进发育、增加身高的；对成年人来说，能帮助身体蛋白质合成，以恢复体力，弥补各部位蛋白质的丢失，其中也包括皮肤组织。

体力劳动多的时候，肌肉要多运动，肌肉中蛋白质消耗就会增加，消耗一多，人体就通过内分泌把这个信息反映给大脑，大脑就会将"慢波睡眠"的时间延长，促进生长激素的分泌，便于体力的恢复。

大家都有经验，发热之后，人总是特别嗜睡，医生也会鼓励病人多睡，因为发热的时候身体的蛋白质消耗了很多，机体要通过睡眠来增加蛋白质合成。

所以，很多心事重重的人睡眠不好，只要出去旅游，或者某一天的运动量突然增大了，长期困扰他们的失眠就会减轻，就是因为运动使他们身体的蛋白质消耗增加了，客观上给了他们通过提高睡眠质量来修复身体的机会。崔永元也曾被失眠所困扰，据说，他只有在做像拍《我的抗战》这样行程艰苦、体力需要透支的工作时，才能睡个好觉，就是这个原理。所以失眠的人一般都是劳心的人，而不是劳力的人，每天在地里干活的农民肯定是很少失眠的。因此，要改变失眠也就很简单，只要你增加劳力的机会，睡眠就会改善。

我有个切身体会，有一次去滑雪，很累，回来之后又去泡温泉，说是解乏其实更累，因为都是消耗的运动，而且泡温泉的消耗一点不比滑雪小，所以温泉一般是禁止心脏病病人进入的，因为它会使心率增加、代谢加快，本来就有问题的心脏会受不了。结果那次，我睡了有生以来最香甜的一夜觉，第2天我和朋友开玩笑说："真是累得连做梦的劲儿都没有了。"因为一夜睡得很沉，无梦，那种解乏的感觉至今想起来还都怀恋。

很多专家级的劳心者，他们都难免有失眠的毛病，解决的办法也如出一辙，感觉累了，那时候蛋白质已经发生了一定程度的消耗，那时候再睡，肯定容易入睡，也容易进入不做梦的"慢波睡眠"中，睡眠质量肯定好。

如果你是容易失眠的，或者虽然不失眠，但睡眠质量差，先要从白天的运动量上找原因，至少要保证规律的，程度足够的运动，这个运动最好在下午四五点钟进行，如果是早上，运动带来的疲惫经过一天的恢复会有所缓解，不能直接作用到晚上的睡眠上，但是晚上运动，又可能使人因此兴奋起来，更睡不着。如果你的晚饭可以吃得比较早，比如能在6点之前吃完，离睡觉时间有一段距离，那么，可以在晚饭后半小时去运动，一个是能把晚饭的热量消耗掉，避免脂肪在你睡眠时囤积，另一个也有足够的时间消除运动带来的兴奋。

具体的运动可以由散步慢慢地变成慢跑，或者游泳，最终要达到慢跑二三十分钟或游泳半小时的程度，这个运动才能构成消耗。如果有条件，在这些运动之后，再坐在桑拿间稍微蒸一下，至少洗个热水澡，一

是可以缓解肌肉的酸痛，二是因为热水可以再次增加身体蛋白质的消耗，再次激发困意。现在有高温瑜伽，很多人用它来减肥，这也是一种很容易消耗体力的健身运动，失眠的人，只要心肺功能正常，就可以尝试去做做。要注意的是，不管是慢跑还是游泳，都要使你在运动之后能感到一点疲劳才有意义。因为只有感到疲劳了，力量不足了，才说明你的蛋白质被消耗了，这样才能影响到睡眠，才能睡个好觉。

⊙失眠带来的衰弱，不该吃补药

长期的失眠肯定使人疲惫甚至虚弱，面容憔悴，很多人会因此去找补药吃，以为这种保养能补救一下，但这往往是错误的，因为这种人不是真的虚，所以不能通过补来解决，反倒应该用清的办法。

人为什么能入睡？按照易卦的说法，日入地为"明夷"。"明"是光明，"夷"是伤的意思，明伤了就晦暗了，入夜的时候是晦暗的时候，就是"明夷"，这个时候人是要睡眠的。具体到"明夷"这个卦的结构，是"坤"上"离"下，具体到五脏，就是属于"坤"的脾气要升上去，属于"离"的心火要降下来，这样才能到达"明夷"状态，人才能进入睡眠。

在脾土降和心火升的过程中，还必须有一个通道作为其交通的保证，这就是中焦要通畅，不能有痰湿，有了痰湿，这个通道就被堵住了。这种通道堵住的人的舌苔一般都是很腻的，甚至是黄厚而腻，这个时候，如果你只是因为身体疲乏而再吃补药，痰湿就要加重，舌苔更加厚腻，通道堵塞更严重，失眠不仅没缓解反而还要加重，吃进去的东西也不可能吸收到皮肤上。这种人适合通过化痰湿来安眠，比如陈皮和半夏，这两味简单的药物组成了著名的"二陈丸"，虽然其中没有安神、镇静的成分，但它保证了上下的交通，它具备的安神作用早在《黄帝内经》中就已经明确点出了：包含了"二陈丸"的"半夏汤"能治"目不瞑"。

有个经验说，失眠的时候喝牛奶，这就要因人而异了。如果是这种因为痰湿，湿热中阻的人，她们的胃肠消化肯定不好，她们的失眠可能是由自主神经的失职，影响了中枢神经的功能，往往需要消食导滞，有温补效果的牛奶在此时适得其反。

如果用中医辨证的话，失眠在很多时候还可以是心经有热，因为有热把心神逼迫出去，四处溜达，心神不宁的时候怎么可能睡得好？这种失眠的人即便觉得虚弱也不能随便补，倒是应该选择清心、安神之类的药物去治疗，心清了，睡眠好了，疲劳、虚弱自然减轻。

失眠的人多数是不能劳累的，活动一会儿就觉得出汗、没劲儿，心慌，即便有了如此症状，中医也并不都用虚来解释，而要综合来评价。例如，肝郁气滞的患者也可以出现疲乏，就要采用疏肝解郁的方法，你去看中医，可能会给你开"解郁安神颗粒"之类的疏肝药。如果舌质红，舌苔黄厚，大便干，说明心火很盛，可以临时加服3~5天的"牛黄清心丸"。

其实，中医是没有安眠药的，它主要是通过把引起失眠的原因解决掉来治疗失眠，所以，凡是能解决失眠原因的药也就都具备了安神效应。给大家介绍几种性质不同的中药安神药。

天王补心丹

阴虚血少明显的失眠更适用。因为心血被火消耗掉了，所以人不仅失眠、健忘，心里一阵阵发慌，而且手脚心发热，舌头红，舌尖生疮，这个药补的作用更大一些。

朱砂安神丸

这是李东垣的方子，同样是治失眠多梦，但"心火"明显比上一个药物治疗的失眠要旺，因为这药里有去"心火"的黄连。这种失眠的人心里觉得很烦，甚至有点心神不宁，坐立不安，还有可能有精神抑郁，这个时候吃"朱砂安神丸"就比"天王补心丹"合适，既能清热又能用朱砂这种矿物类药物，重镇一下浮越的心神。

柏子养心丸

既然是养心，补的成分就多一些，病人虚的也会明显，失眠健忘而且要有气虚的表现。这种人稍微运动就会感到心慌，而且有点响声就被吓一跳，常说的"一惊一乍"，俗话是"胆小"，实际是"心虚"，所以药里用了黄芪补气。

人参归脾丸

这个成药一看不像是治失眠的，因为和心无关，但因脾虚导致的失眠非它不可。这种失眠是因为脾虚使气血生成不足，影响到心血也不足，最终使心神无处寄居，心神浮越。所以，除了失眠，还会有记忆力下降，而且总是一副有气无力、营养不良的样子。有气无力是气虚，营养不良是血虚。

安神补心丸（胶囊）

凡是入睡困难或多梦、易醒的失眠人，如果还伴有心悸、心烦、咽干口燥、盗汗、耳鸣、头晕，就适合吃这个药了。

牛黄清心丸

这种失眠是"心火"烧的。除了失眠，还有头昏沉、心烦、大便干、舌质红、热象比较突出的人可以选择。

加味逍遥丸

不仅失眠，还伴有情绪低落。治疗因为紧张、生气导致的失眠更合适，可以起到疏肝解郁、改善睡眠的作用。

越鞠保和丸

对失眠而梦多，早上醒来总感觉特别累，胃口不好，舌苔厚腻的人适用。治失眠有个民间经验，就是临睡时喝杯牛奶。但这个经验也要分人，如果是这种"越鞠保和丸"适应的失眠，就千万别再喝牛奶了，因为舌苔厚本身就说明有湿热，胃肠不干净，湿热、瘀滞也可能是失眠的主因，再喝牛奶就是给夜间的胃肠增加负担，只能加重病情。

解郁安神颗粒

适用于因情绪不畅导致的入睡困难，这种人多梦，而且睡得很轻，一点小声就容易惊醒，还可有心烦、健忘、胸闷等症状同在。

同仁安神丸

失眠，而且心烦、舌尖红、多梦的人可以选择服用。

活力苏口服液

失眠的同时并伴腰酸腿软、耳鸣，要有明显的肾虚表现，才适合吃这个药。

七叶安神片

有些老年人，晚上会觉得胸闷，有冠心病也影响睡眠，这个状态影响睡眠的，用"七叶安神片"可以缓解，因为这药除了活血之外，还能安神。如果还经常有胸痛、胸闷发作，可以加服"血府逐瘀口服液（胶囊）"。

上面这些具有安神作用的药，只有两个里面有补药，一个是柏子养心丸，里面用了黄芪，这药适应的是心气虚很明显，虚到连惊吓都受不了，好像要捧着心才行的人。还有就是人参归脾丸，其实这种人的失眠往往在疲劳发生之后，疲劳是他们更大的问题，有气无力、面色萎黄是他们不同于其他失眠者的最典型特点，其中的人参就是针对这个问题的，也是通过气血双补，使心神有所寄居，不再四处溜达，人才得以安眠。

⊙哪些安眠药可以急用

失眠的类型很多，有的人睡倒是不难，但是早醒，半夜三四点就醒了，而且再也睡不着了。要不就是好不容易坚持到6点，但醒来之后反倒觉得很累，什么事情都没做就开始疲倦了，这种疲倦在工作开始后，一上班，忙起来反倒好了，这种情况如果始终出现，就要考虑抑郁问题了，醒了觉得疲倦有时候就是抑郁症的表现之一。也有的人失眠就是入睡难，躺在那怎么也睡不着，这就有点焦虑倾向了，和抑郁症、抑郁倾向正好相反，但不管哪种情况造成的失眠，肯定白天疲乏，没精神。

很多失眠的人担心自己会不会因此真的变成"焦虑症"或者"抑郁症"患者了。人失眠时间长了，对失眠会产生恐惧，担心睡不着觉对身体有损害，因此更加抑郁，天一黑就紧张，担心自己又失眠，也担心自己的抑郁弄假成真，其实没必要。因为"抑郁症"是一种心境持续的、无缘由的低落。这种病人情绪特别糟糕，对什么都没兴趣，对工作、生活、家庭都没有兴趣，就是常说的沮丧，一定是持续了一段时间，一般是2周以上不能缓解，才可能诊断是抑郁症。很多失眠人担心自己早晚要得抑郁症，其实不用害怕，抑郁症有它的发病基础，是精神疾病，可以伴有失眠症状，但和失眠一般没有必然联系。很多人的抑郁一旦失眠治疗好了，其他症状也就迎刃而解了，所以治失眠症的时候用一些抗抑郁的药是对的，并不是医生已经怀疑你抑郁了。

为了保证睡眠，安眠药还是需要选择的，至少可以在应急的时候用一用。

治疗失眠的西药常用的大致分3类：

第一类是老百姓都知道的"地西泮（安定）"、"艾司唑仑（舒乐安定）"等，属于苯二氮䓬类。这类药物有镇静、抗焦虑、松弛肌肉的作用，药效比较缓和、安全一些，不良反应少，吃1~2片就可以。但长期服用可产生依赖性，也可成瘾，而且这种安眠药吃完之后身体会觉得没力气，因为药物使肌肉松弛了，使不上劲儿，好像身体很沉，这是安眠药的不良反应，不是你的疲劳加重了。

第二类是近些年新研制的治疗失眠的药物，如 "佐匹克隆"、"唑吡坦（思诺思）"等。"佐匹克隆"起效快，能延长睡眠时间，减少夜间觉醒和早醒次数，特点是对白天的影响比较小，没有"地西泮（安定）"那样的疲劳感，只是偶尔可见嗜睡、口苦、口干、乏力等反应，长期服用后突然停药会出现一些戒断症状。"唑吡坦（思诺思）"一般用于短期的失眠，起效比较快，可以帮助很快入睡。

如果你除了失眠还有明显的焦虑表现，比如烦躁不安，总是担心周围的一些事情，入睡困难，躺在那瞎琢磨，可以吃第三类安眠药——"劳拉西泮（罗拉）"，它可以解除因为焦虑和紧张导致的失眠，帮助恢复正常的睡眠。如果它仍对睡眠没有帮助，而且入睡难，可以选"佐匹克隆"。当然了，最好的办法是通过生活方式来改善睡眠，失眠药只是万般无奈下的权宜之计。

⊙褪黑素用于睡错了觉的失眠人

很多年轻人失眠是因为颠倒了作息时间，比如长期熬夜上网或者长年上夜班造成的，不是不能睡，而是睡的时间错了。这种时候就不要指望安眠药，可以用调整时差的药物，就是前面说的被包装成"脑白金"的"褪黑素"。

之所以说"褪黑素"比普通安眠药好，是因为它是人体本身就有的，比如治疗糖尿病，胰岛素就比其他降血糖药好，因为人体是不会分泌对自身有害的激素的，除非过了量。

"褪黑素"是人脑中一种松果般大小的，叫"松果体"的结构分泌出的，所以，你如果去药店买，写"松果体素"的就是"褪黑素"。

"褪黑素"是迄今发现的、最强的内源性"自由基"清除剂。前面我们说了，"自由基"不是好东西，必须尽快清除，否则，衰老、癌症都以它为基础发生。"褪黑素"就有这个功能，就能防止细胞产生氧化，被损伤。在这方面，"褪黑素"的功效，超过了已知的所有体内物质，从这个意义上说，叫它"脑白金"倒是不为过。

"褪黑素"的分泌有昼夜节律，夜幕降临后，光刺激减弱，松果体合成"褪黑素"的酶类活性增强，体内"褪黑素"的分泌水平也相应增高，在凌晨2~3点达到高峰。而夜间"褪黑素"水平的高低，直接影响到睡眠的质量。

人老了，觉都少，因为随着年龄的增长，松果体萎缩直至钙化，特

别是35岁以后，体内自身分泌的"褪黑素"明显下降，平均每10年降低10%~15%，导致睡眠紊乱以及一系列功能失调，深睡眠，也就是不做梦的"慢波睡眠"时间减少，即便睡了，也没年轻时那么解乏，不可能一夜起来又活力焕发。如果这个时候，你又在从事一种黑白颠倒的工作，比如半个月一倒的夜班，把生物节律，更恰当地说是把"褪黑激素"分泌的节律打乱了，失眠自然在所难免。但因为你只是节律紊乱，而不是真正的失眠，如果吃安眠药就有点用力过猛了，更适合吃这种能诱导自然睡眠的体内激素，通过调节人的自然睡眠而克服睡眠障碍，提高睡眠质量。而且它还没有成瘾性，不会说吃了就依赖了，也没明显不良反应，因为毕竟是自己身体里产生的。

用"褪黑素"的话，一般是晚上睡前口服1~2片（含"褪黑素"1.5~3毫克），一般二三十分钟内就能产生睡意，而早晨天亮后，"褪黑素"自动就会失去效能，起床后也不会有疲倦困顿、醒不过来的感觉。

名字吓人的"宫颈糜烂"

梅艳芳、李媛媛两位受人欢迎的女明星，分别因为子宫癌而英年早逝，所以子宫一出问题，女人就紧张，特别是当给出了"宫颈糜烂"的诊断时。"糜烂"二字看着就瘆人，在很多女人眼中就是等待癌变！而且不断有各种医疗广告将这个常见问题渲染得更加耸人听闻。其实，这就是一个慢性的宫颈炎症，这个医学名字的命名当初，没想到之后会把不懂医的女人们吓到。

⊙ "宫颈糜烂"就是普通的炎症

事实上，"糜烂"只是一个说法，是对宫颈状况的一个逼真形容和描述。因为宫颈被感染以后，宫颈表面正常的鳞状上皮就被黏膜覆盖了，黏膜比鳞状上皮要娇嫩，它覆盖在没有正常鳞状上皮的宫颈表面，看起来就是红色的，确实有"糜烂"的感觉。

正常的女性都有生理周期，每个生理周期的时候，宫颈管里的黏膜就要往外长，形成一个移形带，如果这个时候你的宫颈或者阴道有感染，比如我们最常听说的细菌的感染、衣原体或支原体的感染，黏膜就很容易被感染，被感染的黏膜就好像糜烂了。

很多人之所以被吓到，还和很想从你身上赚钱的小医院有关。当你告诉那里的医生，你的白带确实多了一点，他们可能马上就要求你做一个阴道镜，之后给你在糜烂的部位拍一张很吓人的照片，指着照片告诉你：哪哪有糜烂。而这，就是他们赚钱的妙法。因为黏膜很薄，血管很容易透出来，这张看起来红红的照片完全可以让不懂医的人觉得问题严重，乖乖接受没必要的检查和治疗。

其实，阴道镜给出的照片没有任何意义，基本类似于很多女人怀孕

做B超时拍的照片，后者最多是给未来的孩子留个纪念，从很早就记录他（她）的成长，但从诊断上来讲，这样的照片没有任何价值，也不能说明疾病的程度。

人们害怕宫颈糜烂，主要是担心和宫颈癌挂钩。事实上，中国宫颈癌的发病率，最高的是万分之十，这是一个很低的发病率。每年因为宫颈癌死亡，像北京这样比较发达的地区，可能是万分之八、万分之九的样子，非常低。

如果发现有宫颈糜烂的问题，自己又心里打鼓，担心未来癌症的发生，那只需要做一个宫颈的涂片，一般缩写叫"TCT"，它是目前国际上最先进的一种宫颈癌细胞学检查技术，对宫颈癌细胞的检出率可以达到100%，同时还能发现部分癌前病变，微生物感染如真菌、阴道毛滴虫、病毒、衣原体等，是目前用于妇女宫颈癌筛查的最先进的技术了。

TCT检查注意事项

1. 在做TCT检查前24小时避免性生活。

2. 在做TCT检查前24~48小时内不要冲洗阴道或使用阴道栓剂，也不要做阴道内诊。

3. 如有炎症先治疗，然后再做TCT检查，以免影响诊断结果。

4. TCT检查最好安排在非月经期进行。

此外，还有一种叫做"HPV"的检查，就是检查你有没有被"人乳头瘤病毒"所感染。这种检查也是无创的，只是用伞状的小刷子在宫颈刷一下取样，然后利用"细胞保存液"来分离被采集样本中的杂质，形成清晰的细胞涂片，就能检测到你是否被"HPV"病毒感染了。

如果这两种检查都正常，没有发现异常的组织，虽然你的宫颈糜烂有症状，比如白带很多、腰酸肚子疼，也只需局部用药来对症治疗。如果你连症状都没有，即便是中度甚至重度糜烂，也可以根本不需治疗。

一般这种检查，每年做1次就可以了，如果你连续3年，这两个指标都正常，以后可以两年做1次，这两个指标的正常说明你是一个宫颈癌的低危人群，不需要频繁做检查了。

即便是"TCT"或者"HPV"有问题，说明你被病毒感染了，但是，从这个感染到宫颈癌可能需要10~20年的时间。如果是轻度的感染，即使你不治疗，也是可以逆转的。曾经有过调查，20几岁的妇女感染HPV可以达到30%左右，但是等到30岁以后，HPV的感染只能达到6%~7%，中间的这一段哪儿去了？是自然好转了，持续的阳性的病人是很少的。即便是感染严重的情况，通过早期治疗也完全可以治愈。

有的女性在同房以后会出血，这很让人紧张，但是，如果你去检查发现"TCT"、"HPV"没异常，那就说明出血是宫颈炎症造成的。再有，如果你戴了避孕环，同房时子宫收缩，相当于跟环之间有个互动，也可以造成一定的出血，但都不是大事。

⊙没症状的糜烂可以不治疗

一般来说，在"宫颈糜烂"的诊断前还有"轻度"、"中度"、

"重度"之分，但这只是指糜烂的面积，实际上和感染的严重程度、是否变成宫颈癌没有直接关系。如果什么症状也没有，就说明在目前的这种状况下，细菌没有在这个地方繁殖，现在诊断是重度，没准过半年就自己变成轻度了。

如果你的宫颈糜烂有症状，主要症状就是分泌物增多，白带是黄色的，同时有腰酸、肚子向下坠的感觉，可以进行抗炎治疗，一般就是口服抗生素，吃一个星期，再加上局部的栓剂就可以了。

如果这种治疗患者是已经生育过的了，而且糜烂面积确实比较大，还可以做一个物理治疗，比如激光治疗、微波治疗、冷冻，把糜烂的地方烧一下，相当于把移形出来的黏膜上皮破坏掉，让鳞状上皮再长上，糜烂就修复好了。糜烂通过药物治疗，有一部分是自然转归的，但是大部分人药物治疗只能达到没有症状，如果想从那一块地方消除糜烂，还是需要物理治疗的。

如果是没有生育过的，一般都是对症治疗，不主张在没有生育之前做物理治疗，因为有的医生掌握不好，治疗的深度太深了，会影响到宫颈管的黏膜，进而影响未来怀孕。如果一定要做，选择比较好的医院，一般的治疗费用也就几百元，过万的治疗费一般都说明你被忽悠了。

有个例外情况需要说明，严重的宫颈糜烂时，往往炎症严重，分泌物多，而且其中的白细胞也多，这些白细胞有可能会吞噬精子，从而影响怀孕，所谓为了使怀孕顺畅，适度的消炎也是必需的。

⊙衣原体感染未必都是性乱引起的

宫颈糜烂的发生跟性生活有关，因为性生活增加了感染的机会。如果生育过，做过流产，宫颈黏膜往往都有损伤，这时候一旦同时有细菌过去的话，就会容易种植在那个地方，造成感染，引起糜烂。在宫颈糜烂的同时，还有个诊断同样吓人，就是"支原体"、"衣原体"的感染。很多人是因为准备怀孕做体检，结果检查出了衣原体、支原体的感染，医生说，得先把这问题解决了才能怀孕，结果，两口子为此打架，都说对方不检点，"引狼入室"。

衣原体、支原体感染和"HPV"病毒感染，最早都认定是性传播的，现在发现，除了性之外，还有其他感染机会。这就意味着，支原体或者衣原体感染未必就是因为性乱。但是，如果要怀孕，确实先要把支原体、衣原体感染治好。因为衣原体感染是一个慢性的、隐匿性的过程，如果扩散到盆腔，有可能会造成输卵管堵塞，造成不孕症。至于支原体的感染，如果是在妊娠期同时存在，可能会引起流产、早产的问题，但这两种感染也和宫颈癌没关系。

这种感染的治疗一般口服药就足够了，如果是医生为此开出静脉点滴1周，就有可能是"过度治疗"了，不仅仅是造成了经济损失，对你的健康也是有损害的。因为，大剂量地用了抗生素以后，阴道正常的菌群会被杀死，原本的平衡就被打破了，相当于一个国家没有警察和法律，那就谁有本事谁来吧。比如真菌性阴道炎、细菌性阴道病等疾病都会出来了，你会治得没完没了，刚治好这个病，又出现另一个病。有的

病人就说，"我自从因为这个事（衣原体感染）进了一次医院，就再没出过医院"。

　　口服一个礼拜的药一般就够了，花费也就二三百块钱。但需要注意的是，治疗之后不要马上复查，因为之前的感染是长到细胞组织上的，需要将它更新换代地代谢掉，变成正常的组织，然后再查。一般是来完一次月经之后再复查，如果马上就复查，有可能一看还有，会对医生也造成一种困扰，觉得这个药不敏感，还得换别的药，又是过度治疗，对病人也是一种无谓的心理负担。

让人虚惊一场的"卵巢囊肿"与"子宫肌瘤"

　　体检的时候，很多女人被告知卵巢上有囊肿，这往往会让她们大惊失色，因为"囊肿"和"肿瘤"，听起来有那么点相似，有些女性朋友就会担心自己是不是得癌了。而子宫肌瘤是妇科疾病中最容易被过度治疗的第二大类疾病，这种肌瘤发病率非常高，并不是说都需要做手术，大部分人都是带瘤生存的。

⊙直径小于6厘米的卵巢囊肿一般没大事

事实上，卵巢囊肿就是卵巢上长了一个包，首先得分析这个包是生理性还是病理性的，一般生理性的是良性的，不用管，病理性的才需要治。

值得庆幸的是，卵巢囊肿还是生理性的多。因为卵巢是一个排卵器官，卵泡产生、发育、发展的过程中就可能形成囊肿，这种囊肿一般在3个月之后可以自然消失。当然了，不能死等时间，还可以借助超声检查来判断，如果是生理性的囊肿，直径一般不会超过6厘米。

比如最常见的是子宫内膜"搬家"，搬到卵巢上去了，随着每次月经的出血逐渐长出一个血包，这就是"子宫内膜异位症"的囊肿，俗称"巧克力囊肿"，这种"巧克力囊肿"的恶变率也是千分之几，所以不必非常紧张。

还有一种是"畸胎瘤"，实际上是原始的细胞在解除分裂的时候遗留下来了，很可能是长囊肿人的"双生子"，所以可以长出皮肤、毛发、骨骼、牙齿，甚至头皮，看着吓人，但都不会恶变。唯一可能出现的是导致卵巢的重心不稳，被囊肿坠得会在盆腔里翻跟头，卵巢就扭转了，一旦扭转，血液供应就有问题，就会缺血坏死，就会造成疼痛，卵巢的"畸胎瘤"是最容易造成扭转的。

有些女孩子，上体育课，正在跳马，肚子突然疼上了，上医院一做"超声"，说卵巢上长一个包，就可能是这种瘤，如果早期做手术的话，还可以把卵巢复位，把畸胎瘤剥除。前面那种"子宫内膜异位症"

的囊肿，到一定的时候也会破，破了以后陈旧性的血液流得满肚子都是，也会刺激着感觉疼痛，必要时也需要手术。

现在很多妇科手术都采取"微创"方式了，就是在肚子上打3个眼，放进手术器械。因为不用开腹，所以很少出血，手术的视野很清楚，可以很顺利地把瘤子剥出来，装在一个口袋里头，然后从打好的孔里拎出来，腹腔里就干干净净的了。

很多人疑惑，做了妇科手术是不是会影响未来怀孕？恰恰相反，比如说"子宫内膜异位症"性的囊肿，子宫内膜"搬家"搬到卵巢上去了，这对盆腔来说都是刺激，里面就会有炎性的反应，会派白细胞过来，会派"组织杀伤因子"过来，受精卵、卵子在腹腔里面游动的时候，容易被"误杀"了。而且粘连会引起输卵管的扭曲，影响受精卵的移动、着床，做完手术以后这些问题都剔除了。所以，手术后的6个月就是这类人的"黄金怀孕期"，因为内环境给打扫干净了，这之后的两年也是比较好的怀孕时机，再往后可能就差了，因为异位症可能复发。

⊙卵巢癌容易发生在停经后

卵巢癌是女性常见的恶性肿瘤之一，因为卵巢长在盆腔的深部，癌肿小的时候不会有什么症状，往往是等它长大了，引起满肚子腹水了才去看病，所以是个很容易误诊的疾病。甚至医生自己也会有这样的问题，因为没什么症状，只觉得肚子大了，还误以为是自己胖了呢！

总体来说，卵巢癌在五六十岁更常见，而且和家族史有关。经常是姐姐前两天刚得了卵巢癌，妹妹过一段儿也来看病了。如果体检时发现卵巢上长有包，以前没有，现在新长出了，又是囊实性的，就要警惕这个问题了。特别是当医生告诉你说"这个瘤子是实性为主，血流很丰富"，就更要特别警惕了，必要时要做腹腔镜的探查，弄清楚其性质。同时，化验血也能帮助诊断，比如说查"CA125"、"CEA"，这两个指标是最常用于卵巢癌判断辅助的指标。

有一些中老年人可能觉得"我绝经了，不再有月经了，就不再体检了"，这种观念是很错误的，恶性肿瘤是不依赖于激素的，想长就长，绝经之后照长。

"CA125"是癌体抗原，这个在体检的时候一般都要查到。如果是卵巢上皮癌，"CA125"可以格外地高。但是，还有种良性疾病，比如查"内膜异位症"和"子宫腺肌病"，"CA125"也会增高，而这两种疾病在正常人当中也是多见的，所以不一定这个指标高就是长癌了。

另外，很多人对医生规定的抽血的时间不重视，特别是妇科检查，"CA125"跟月经是很相关的，如果你恰好在月经期抽血检查，"CA125"就会增高。

⊙子宫肌瘤，未必都需切除

子宫肌瘤是妇科疾病中最容易被过度治疗的第二大类疾病，这种肌瘤发病率非常高，并不是说都需要做手术，大部分人都是带瘤生存的。

一般情况下，如果出现了症状，影响了身体和生活质量，那就进行手术治疗，把它切除掉，如果没有影响，就定期观察，相当于不用治疗。

为什么可以这样做？因为子宫肌瘤的恶变率非常低，大部分都是良性的，你没有必要着急一定要把它切除掉。那么，如果肌瘤很小，是不是应该用药物来控制呢？这个时候很多人会选择吃中药。

中药到底有没有效呢？我们先来看子宫肌瘤的发生规律，一般到了更年期之后，绝经了，肌瘤也就逐渐萎缩了、变没了，因为那时候，体内的雌激素减少甚至消失了。也就是说，肌瘤之所以长，是因为你还处在雌激素的环境中，想通过药物消除的话，只能吃一种可以减少雌激素分泌的药物才能控制它的生长。暂且不说吃的中药有没有这种功效，如果真的有，这样的药你敢吃吗？肯定不敢，也不该吃，吃了就等于把自己提前送到了更年期，早早地把自己的月经停了。而且，停了这种药以后，子宫肌瘤该长还是会长的。所以你没有必要付出这种代价，可以通过定期检查静观其变，到了需要手术的时候去手术。

有肌瘤的人，有的同时还有乳腺增生，脸上的黄褐斑也会明显，这种系列情况一出，初步可以判断这是个"肝气郁结"的女人。她的诸多疾病都和她的心绪、性情有关，比较敏感，爱较劲，心思细密，这种秉性的女人，自我调节的价值远远大于药物，因为一次情绪变化引起的激素波动，乃至由此引起的后患，不是吃几服药就能平息的。

很多人觉得肌瘤就是瘀血，就擅自地去吃活血化瘀药，但是，并不是所有的肌瘤都属于瘀血的，中医辨证的话，还可以有"气郁"、"寒凝"。况且很多活血化瘀药，是有破气效果的，常吃会对正气有所损耗，能把人吃没劲的，越吃越软。所以，一般的化瘀药物都需要有适当的补药兼顾着，托举着正气。对有肌瘤的人，中药的作用是改善症状，但要想使肌瘤缩小或者消失几乎是不可能的。

具体说到肌瘤，可以分为以下几种：

1. 浆膜下的肌瘤，相当于长在子宫外面的。

2. 肌壁间的子宫肌瘤，它是长在子宫肌壁里面的；这类肌瘤长到一定程度也会影响宫腔的形态，也会造成月经量过多。还会压迫到直肠或者膀胱，会要不停想去小便，有肛门重坠的感觉，出现这些情况，需要手术进行治疗。还有一些肌瘤是迅速增长的，恶性肿瘤有一个特点是长得快，日新月异，一旦发现这种情况，就需要做手术了。

3. 黏膜下肌瘤，就是在子宫腔里面长的。如果是黏膜下肌瘤，因为直接影响到子宫腔，所以大部分人会造成月经量的过多，有症状，造成贫血，一旦发现这种情况，不管它多大，都需要做手术，而且手术也很简单，做宫腔镜就可以了，不需要开腹。

最麻烦的"异常出血"

所谓"异常出血"，就是在不是月经的时候，阴道有出血。异常出血有的是与内分泌有关，如果是跟月经周期无关的出血，那就可能跟子宫局部的新生物、炎症有关系，还有可能与流产、宫外孕等情况有关。一旦发现自己有异常出血的状况，一定要早检查根源，以防止贻误治疗而给自己带来无穷的麻烦。

⊙早警戒，预防宫颈癌

要想知道什么是异常出血，要先把月经的特点搞清楚。一般来说，从月经的第1天到下次的月经的第1天，之间间隔的时期我们叫月经的周期，这种间隔时期如果在20~40天以内是正常的。有人说，我1个月来两次月经，月头1回，月尾1回，正常不正常？还是正常的。有人说，我15天来一回，1号来，15号还来，那就是不正常了，这叫"月经频发"。还有一个是月经持续的时间，正常的话是3~7天就干净，如果一两天就干净了，那时间太短了，估计也有一些问题。还有一个月经量的问题，医学定义每次超过80毫升就过多，但是女人自己很难去判断，可以用卫生巾的用量衡量，一般一次月经应该使用一包半的卫生巾，超过这个数目就是月经量比较多了。

有一种异常出血，发生在同房以后或者大便以后，有的是白带带血，或者是用了某些药以后出血，都是完全没有规律性。如何初步判断它的发生原因？首先要看出血跟月经有没有关系。如果跟月经周期有关系的话，基本上是与内分泌有关。如果是跟月经周期无关的出血，那就跟子宫局部的新生物、炎症有关系。

　　和月经无关的往往需要考虑有没有宫颈的疾病。因为宫颈作为子宫"宫殿"的大门，如果在同房的时候，或者是大便用力的时候，受到摩擦，因为外力的作用而出血。这个原因可以是良性的，也可以是恶性的，总体来说良性的多，但少数人确实隐藏着宫颈癌的问题，这种情况的话她的白带也会有问题。

　　曾经有个26岁的年轻妈妈，白带量总是很多，有异味，甚至因为带血变成粉红色的了，她自己回忆说，以前就有同房后出血的问题，结果发现是宫颈癌，而且已经不早了。

　　引起异常出血的原因，再往里说就是子宫里面的问题了。比如子宫内膜长个息肉、瘤子，子宫内膜的炎症以及内分泌的失调，比如说卵巢功能失调。还有就是有性生活以后，急于避免怀孕，吃一些紧急避孕药，引起的身体激素的剧烈改变，子宫内膜受不住这种打击也会出血。当然还有子宫内膜癌症，现在是越来越高发的一个疾病，是连续不断地出血，而且很多人过了更年期，月经已经不来了，又出血了，这种情况，就要特别警惕内膜癌了！内膜癌的发生和年龄有关，四五十岁的人中更多见。

　　因为引起出血的原因比较复杂，所以如果出血的话还得去检查，包括阴道、宫颈、子宫、卵巢、输卵管的检查。除了做宫颈涂片检查宫颈之外，可能还要在月经干净以后，通过阴道做一个B超，看看子宫里有没有什么问题。

　　子宫内膜是孕育新生命的土壤，土壤的厚度医学上是很有讲究的，一般情况下是在1.5厘米以下，而且是很均匀的。如果长东西的话，可能会显得比较厚，不是特别均匀，这个地方颜色显得比较深。对此，医生可能会给你做一个"大扫除"，就是"刮宫"，把宫腔里的土壤清理一下，"刮"出来的东西送病理科就可以搞清出血真相了。

现在都在实行无痛手术，无痛刮宫，宫腔的手术、宫腔镜都可以是无痛的，再没有过去的"刮宫"之苦，你好像睡了一觉，检查或者手术一结束，把药一撤，人就醒过来了，可以很轻松地查明甚至消除引起出血的原因。

因为卵巢问题引起的出血，往往出现在孩子和中年人这两个阶段：

1. 青春期型异常出血：卵巢功能从幼稚走向成熟，这个时候的女孩子可能是好几个月不来月经，然后大出血，或者是月经总是哩哩啦啦地出血，总是不干净，这种情况就是卵巢功能不协调，用药物调整就可以好。

2. 更年期型异常出血：卵巢功能走下坡路的时期，这个时期也是不协调，表现为乱出血。但是真的由于卵巢癌本身造成异常出血的比例并不高，至少在早期很少是以异常出血为症状的。

⊙警惕流产造成的错觉

我认识一个朋友，结婚了很想要孩子，但始终没有。但是有一次她发现，这次的月经很长，她怕会影响以后的怀孕，就去看医生，结果发现，她这不是异常出血，已经是怀孕流产了，等于自己把流产误会为月经，误会为异常出血了。

怀孕之初，胚胎开始着床，着床以后就开始优胜劣汰了，被淘汰了的就以流产的形式排出体外，有些人可能误以为这种出血就是来月经了。如果你发现，这个月的月经总是不干净，先要排除是不是怀孕了，如果是流产了，必须迅速清扫干净宫腔，让出血停止。因为有出血就意味着子宫里面有伤口，有伤口就会引起感染，这种感染不控制，迁延下去，以后再想怀孕可就难了。

还有宫外孕的问题，长在输卵管里的胚胎，最多到6个星期，或者有2个多月的时间，就会破裂，"爆炸"，因为它"落脚"落错了地方。养一个孩子的血液循环是非常丰富的，这种"爆炸"会带来非常凶猛的腹腔内大出血。有这样的例子，一个40多岁的女性，出血出了两三个星期，以为是更年期了，没当回事，结果有一天吃饭突然就摔在地上了，脸色苍白，家里人赶紧给送到医院，一检查发现满肚子都是血，有三四千毫升了，再来晚点就要了命，原来就是一次宫外孕。

宫外孕引起腹腔内出血的话，会聚集在直肠的前方，所以会刺激直肠，总觉得下坠，想上厕所，这个时候如果还有出血，就要格外警惕了。

⊙排卵期的出血会影响怀孕

女性的排卵日期一般在下次月经来潮前的14天左右。为了保险起见，我们将排卵日的前5天和后4天，连同排卵日在内共10天称为排卵期，有些女性在这个期间的阴道出血可能就是排卵期出血了，就是两次正常量月经之间的少量出血，一般一两天就会停止。

这是由于在排卵期，成熟的卵泡破裂排出后，身体的雌激素水平急剧下降，不能维持子宫内膜的生长，它就可能会局部溃破、脱落，出血就是从这来的。随着卵巢黄体的形成，雌、孕激素的分泌量又上去了，子宫内膜因此被迅速修复，所以这样的出血一般很快就能停止。但是需要注意的是，怀疑自己是排卵期出血的人，必须排除其他疾病，比如宫颈糜烂、宫颈息肉、宫颈癌、子宫内膜息肉、子宫黏膜下肌瘤、子宫内膜腺癌等，不能用排卵期出血统而概之，最好在月经干净之后在医院做个B超检查，确定是否真的仅仅是排卵期出血。

排卵期出血肯定会影响怀孕，首先是从心理上的影响，夫妻会为此减少性生活，怀孕的机会自然少了。从生理角度来说，这个时候同房的话，有可能造成逆行感染，因为血液就是一个细菌培养基，细菌在此时便于生长。而且精子跟血液接触以后，可以诱导女性的体内产生对抗精子的抗体，抗体就把精子当敌人了，打起来了，自然怀不了孕。如果你每次都在排卵期出血，又很想怀孕，那就确实要到医院做做治疗。

有的人每次月经后10天左右就又出血了，每个月都这样，这个时候就要小心会不会是子宫内膜息肉。因为月经干净7天以内通常是排卵期，排卵期的时候，身体激素会发生猛烈的变化，一般来说这种变化相比来月经之前的变化要小，一个完整的子宫内膜是能够耐受住这种变化，不出血的。但是，如果内膜里有一个息肉，这就是薄弱环节，经受不了激素的突变，就容易出血，因为和激素的分泌有关，所以这种出血一般都很规律，这个时候要想到是不是子宫息肉，可以到医院做一个B超，如果你已经过了40岁了，最好是能去掉。

关于月经的一些难缠问题

经期周期紊乱、经期过长、痛经、经期极度疲劳、更年期症状严重……西方人昵称月经为女人的"好朋友"，因为有月经就说明这个女性还年轻，还有生育的能力。但是我们这位"好朋友"的脾气却很难捉摸，有些难缠。一旦我们的身体有个风吹草动，它就会作出相应的反应，几乎每个女性都曾遇到过不同程度的月经问题。

⊙月经一停止，孕力就下降

在月经期间的出血自然就是月经了，女人一定要保证月经的按时到来，如果月经老不来，女性的生殖轴都处于很萧条的状态，从上到下都"犯懒"，子宫没有刺激作用就会萎缩，到你真想怀孕的时候就晚了。

月经是子宫内膜在自我"翻新"，如果几个月都不"翻新"的话，子宫内膜可能会过度地增殖。最典型的是"多囊卵巢综合征"的人，月

经少来甚至停止，这种人还有一些高雄激素带来的症状，比如长痤疮、多毛、肥胖、有雄性特征了，还有一个就是不怀孕，因为她的"土地"荒芜很久，没这能力了。

一般月经40天不来就是有问题了，首先可能是卵巢功能不行，一个可能是卵巢自己不行，或者是它的上级不行，没有人给卵巢发号施令，鞭策它行使功能。还有一个可能就是子宫内膜过度的损伤，不管给多少激素都不能长出内膜来，比如之前流产多次，或者做的流产手术水平不高，对内膜破坏过度了。

要搞清月经不调的明确原因，第一个要查一下激素水平。

就是在来月经的第2到第4天，最好是月经第3天，早上8~10点，到医院抽血，把激素水平测一下。这种检查可以查五项，这五项就能够反映出哪个环节出问题了。然后还可以再做一个B超检查，看看子宫内膜的状况，看看子宫内膜是不是太薄了，没本事来月经了。

除了反复做人流，把子宫内膜做得很薄之外，还有一个情况，长期的卵巢功能低下，子宫体积很小，内膜也会变得特别薄，虽然年纪轻轻，但子宫却像绝经后的女性的。检查激素，是在了解内分泌状况，做B超，是为了了解子宫的客观形态，这些一综合，基本上应该能够把月经不调的问题分析出来了。

⊙埋藏了隐患的"痛经"

记住一句话：青春期的痛经无大碍，中年时的痛经无小事。

　　痛经是常见的妇科问题，虽然常见，但严重的苦不堪言，会疼得大汗淋漓，面色苍白，疼哭的，甚至疼晕的都有，很多人为此每个月得请假休息。这种情况如果发生在青春期，年轻女孩子初潮不久就出现了，或者说从来月经就开始的痛经，一般属正常，主要是因为子宫发育不良、宫颈口或子宫颈管狭窄、子宫过度屈曲，使经血流出不畅，造成经血滞留，刺激子宫收缩引起疼痛。一句话，就是身体的器官还没完全长好，没发育成熟，这种属于"原发性痛经"，大多能在生育之后缓解。

　　很多女孩子之所以痛经，和她们先天纤弱的体质有关，一般都偏瘦弱，怕冷，手脚总是凉凉的，月经来的时间总是错后，颜色也是偏黑的，自己看看舌头，往往是很暗，严重的可以有瘀斑。这种瘀血通俗讲是因为火力不足，寒凝导致的。别人受寒之后可能通过自己的热量化解、驱散，火力不足的女孩子就会将寒气蓄积在体内，日久天长就会加重痛经，因为血遇寒之后更要瘀滞、不通，不通则痛了。

　　对这种女孩子的痛经，要在经期之外就做功课，提前祛寒，可以在月经来之前1周，每天临睡前自己做艾灸。

祛寒艾灸疗痛经法

　　将一片生姜放在"气海"穴上，具体位置是肚脐之下一点五寸的地方（注意这个一点五寸是用你自己的手量出来的，就是把手指并拢，四指合在一起，一指半的宽度就是一点五寸，这是你自己的一点五寸，每个人的寸的长度是因人而异的）。

　　这个穴位一般用在提升阳气、温里散寒时用。从药店买来艾条，每次捏一小撮，捏成一个小三角形，放在姜片上之后点燃，燃烧完就叫"一壮"，每天可以灸三五壮，艾绒燃烧的热力会透过姜片渗透到穴位，你会感到温热逐渐进入腹中。如此每天坚持，到了再来月经时疼痛会明显好转。

在灸的这几天，还可以配合一些中成药，比如"艾附暖宫丸"，最适合寒气很重的人，月经来的时候肚子冷痛，其中包括了几味性质很热的药物，所以，有的人吃的时候会上火，比如长口疮、鼻子发干。如果遇到了这种问题，可以用凉水送服，还可以喝点苦丁茶，稍微反佐一下，便于把药物按量服下去，毕竟体质本身是虚寒的，还是要照顾主要矛盾，散寒要打持久战。

还有一种也能散寒止痛的是"少腹逐瘀胶囊"，是清代名医王清任创制的，化瘀作用很强，所以要吃这种药，一定要确认自己是因为瘀血导致的，最简单的就是看舌头，舌质暗是重要的指证。

还有两个可以用来缓解痛经症状的，是"桂枝茯苓丸"、"失笑散"，这两个药热性没那么强，主要是活血化瘀的。之所以叫"失笑"，就是形容药物见效快，吃下去疼痛就减轻了，笑容就出来了。如果前两种药物吃了之后实在是上火太严重，可以改用这两个，但艾灸治疗还是要跟上，以求将寒邪驱散出去。

比较麻烦的是继发性痛经，多见于生育、流产之后或者已经人到中年，以前年轻的时候没这毛病，不知道什么时候开始痛经了，而且逐渐加重，没有缓解的迹象，很多时候要想到"子宫内膜异位症"这种病，如果是这个问题，是会影响以后怀孕的，是需要治疗的。

⊙你的痛经可能是陌生的"腺肌病"

"子宫内膜异位症"就是子宫的内膜长到不该长的位置上去了，长在了宫腔以外的异常部位，比如卵巢或盆腔，直肠甚至身体其他部位的黏膜上，有的可以长在鼻腔。因为是子宫黏膜，所以无论长到哪里，都具备子宫内膜的特点，是要听从身体内每个月激素的变化的，被激素调遣着按时出血。有的人在月经的同时还会流鼻血，在民间叫"月经倒流"，就是这个道理，是长到鼻腔中的子宫黏膜在异常部位来按时出血了。

我认识一个朋友，40多岁，有很严重的"子宫内膜异位症"，每到月经期间她都要腹痛，而且便血，最初不知道是这个病，很紧张，以为肠子长了东西，后来发现是严重的"子宫内膜异位症"。

如果内膜长到了盆腔内，同样有周期性改变和出血，但盆腔中的血不能外流，所以每次来月经的时候都会引起疼痛，并因此与周围邻近组织器官粘连，而使痛经逐渐加重。医学上有个形容词，叫"巧克力囊肿"，就是子宫内膜长到卵巢上去了，这上面的内膜也按照每次月经期出血，使卵巢逐渐增大，因为排不出去，慢慢变成积血的囊肿，因为这种陈旧性血呈褐色，似巧克力，故又称"巧克力囊肿"。这种人如果去做妇科检查，医生一摁肚子就会喊痛，都是积血导致的。

有几个特点首先可以帮你判别是不是"子宫内膜异位症"：

1. 痛经：往往是以往正常，没有痛经史，突然从某一个时期开始出现痛经了，而且逐渐加重，甚至需要卧床或用药止痛，而且月经量多，经期延长。

2. 大便坠胀：在月经来前或月经来后，排便时能感到粪便通过直肠时疼痛难忍，但在其他时间并无这种感觉。前面说的那个便血的人，就是异位的子宫内膜深达到直肠黏膜了，在月经期才会直肠出血。

3. 性交疼痛：如果异常的内膜长在了子宫直肠窝或者阴道直肠膈，周围的组织就会肿胀，月经前期这些异位的内膜肿胀，性交时就要疼痛。

4. 不孕：有40%的"子宫内膜异位症"患者是不孕的，因为腹腔里的异位内膜每个月都不断出血，引起输卵管周围粘连，输卵管不能灵活地捡拾卵母细胞，严重的输卵管的管腔都被堵塞了，所以无法排卵，影响受孕。

对这种病的治疗有时候是难免手术的，通过手术切除异位的内膜，再通过药物控制其在腹腔内的生长，接下来的问题就是要抓紧怀孕。手术后的半年之内，是最容易怀孕的，越往后就会再次出现问题，也就是说，要赶在下一批异常的内膜长出来之前怀孕上，因为这个病很容易复发。很多人想选用保守治疗，中药自然是首选，也可以用前面说到的"少腹逐瘀胶囊"。

从中医的观点看，少腹有血瘀的人，除了妇科器官的症状，肤色也会显得很暗，没光泽，连嘴唇也发暗，舌头也是暗的，甚至有瘀斑、瘀点。周身的皮肤都很粗糙，而且身体偏瘦，人容易显得憔悴、枯槁，甚至"肌肤甲错"，就是说皮肤像动物的鳞甲一样纹理粗糙，她们想从根本上使自己变白皙、变丰润，首先要把少腹的瘀血去除了。

还有一种大家比较陌生的疾病，叫"子宫腺肌病"，也是引起痛经的"罪魁祸首"。这是因为一部分子宫内膜滞留在子宫肌壁里面去了，每个月按时在肌肉里出血，这就会越来越疼，有的人化验时发现，自己的"CA125"也会增高，会令她们吓一跳，因为患卵巢癌的时候这个指标也会升高。如果B超提示子宫肌壁上有强的回声点，有一些异常的血流，同时"CA125"又高，再加上越来越重的痛经，这样的话，一般就是"子宫腺肌病"了。

这种病很讨厌，第一个是影响怀孕，因为子宫内膜状况很差。另外是没有什么高招可治，疼得非常厉害时只能切子宫。有过这样的例子，该患者二十八九岁的女子，痛经非常厉害，也没有孩子，但只能切子宫，现在这个病在年轻妇女当中越来越常见了，如果真是这个问题，一定得早治，现在已经有不少药物治疗的方法，阻止病灶进一步发展，尽量保全生育功能。

⊙谁都躲不过的更年期

更年期医学上称"围绝经期综合征"。更年期的"月经乱"容易和内膜癌搞混。

更年期的表现之一就是月经紊乱，有戛然而止的，有次数增加、月经乱来的。前者，一般问题不大，很多女性的月经就是这样没前兆地突然停止了，不再来潮，很多人甚至在40岁就停经了。这个时候很多人不甘心，觉得是卵巢早衰，为此要去吃药治疗。事实上，卵巢功能的衰退是一个渐进的过程，只是在40岁的时候显得很突出了。最近有一些报道已经提出，女性的卵巢在30多岁已经开始走下坡路，35岁很明显，40岁就更明显，所以40岁、45岁的时候，月经不来了，但并没有其他症状，可以不去治疗，因为你人为延长的那几年没什么意义。

比较麻烦的是月经量增多。最常见的就是1个月出现了两次月经，更年期也会出现这种失调，但如果一年中只发生一次这种情况，可以不管它，如果频繁有这个问题就要注意了，因为这属于异常出血，和妇科癌症的症状很相似，自己是鉴别不开的。这种情况需要做个妇科检查，比如彩超，可以看到子宫内部结构的改变，如果子宫内部结构异常的话，需要做手术，如果内部结构还可以，可以用药物调理一下。

曾经有过这样的病人，40岁出头，正常生育过一个孩子，但从来没有做过人流，月经以前都很规律，身材也保持得很好，就是乱出血了1个月，这1个月里面淋漓不尽地出血。到医院一做B超，发现子宫内膜厚，结果马上做了刮宫，一看是子宫内膜癌，因为只"紊乱"了1个月，所以发现的时候是早期，很侥幸。子宫内膜癌的发病率虽然不高，是万分之几，但如果被命中还是很麻烦的。

更年期的时候也会长子宫肌瘤，但肌瘤总是有一个慢慢的、逐渐生长的过程，它会带着月经逐渐地增多，是越来越多，而不是突然出现，这一点和癌症是有区别的。

如果你正处在更年期前后，月经还好好的，发现了子宫肌瘤，而且出血量特多，那还是要治疗的。因为子宫肌瘤是受激素分泌影响的，有雌激素它就要长，只有到了绝经期之后，雌激素没了，它才慢慢萎缩，如果这个时候你的出血很严重，熬不到自然停经，就得想办法把肌瘤挪走，否则就会造成贫血了。这个时候，医生会采取堵住子宫动脉，让肌瘤"饿着"的办法，控制它的生长。也可以吃一些药，让身体的卵巢激素稳定一些，让瘤子长得慢一点，总之熬到更年期自然过去，肌瘤也就"枯死"了。

更年期一般从45岁就开始了，会延续到50几岁。除了潮热、出汗、烦躁等典型的更年期症状之外，还会有头痛、关节疼、心脏不舒服、嗓子眼堵、口干、眼干、嘴干……各种各样的不舒服感觉。为此，更年期的女人会去骨科、心内科、五官科，甚至免疫科去看病，但最后发现就是更年期在作祟。

保守地说，50%的更年期女性都会有程度不同、样式不同的各种症状，20%~30%的人症状很严重，必须治疗。美国有一个特别著名的关于妇女的研究，女性到了60~70岁时，还有10%~20%的人仍旧有潮热出汗的症状，更年期还没有完呢！实际上，月经停不是更年期完了，闹得最厉害的是绝经3年之内和月经不爱来这一段时间，有四五年的时间。

一说到更年期的治疗，大家就想到吃激素，因为更年期是激素分泌下降造成的嘛。其实不是，更年期首先可以通过生活方式的改变来缓解症状，比如规律锻炼。欧美国家已经将"规律锻炼"和"有氧运动"来缓解轻度的更年期症状的办法，写进了更年期治疗指南。在这给大家介绍几种简单的具体做法：

1. 每天快走20分钟，走的时候心率要比平时静息时的心率提高20%，比如平时每分钟80次，锻炼后提高到每分钟96~100次，这样的运动保持20分钟。

2. 两只手各拿一个装满水的矿泉水瓶，一边走，一边甩胳膊，让身体觉得每个器官都参与运动，经常这样锻炼能减缓人衰老的脚步。

3. 深呼吸，缓慢而深长地呼吸。比如潮热盗汗，烦躁的劲儿上来了，你先要安静地待着，然后深呼吸，同时可以喝点凉白开，压一压。这些生活细节对改善症状都很有效。

4. 少吃盐，女人到了四五十岁的时候，身体是脆弱的，因为此时激素变化很大，其中就包括血压，要开始波动了，会忽高忽低，这个时候要清淡，盐多了会使以后高血压的危险增加。

更年期症状严重的确实要去看病，激素对更年期的调整效果早就被承认了，但除了激素之外，现在有了更多的选择，比如一些可以调节神经递质的药物。

每个人到了更年期，性激素都会降低，但是每个人的症状表现都特别不一样，因为在激素降低和症状出现之间，有一座桥梁，就是神经递质，它们负责将激素的变化以症状、自我感受的形式传达出来。

我们的身体内有100多种神经递质，有的管高兴，有的管焦虑，有的管记忆等，它们的任何一点变化都可以引起每个人不同的症状。所以，现在比较聪明的办法不是直接吃激素，而是调整神经递质，后者显然是最安全的。也就是说，即便你的激素很不正常，但只要神经递质在中间"做了工作"，不让你感到难受，这个治疗就可以了。

　　从这个角度上也可以看出，激素用不用、用多少，不是看你的激素被补上了没有，而是看症状缓解没有。如果病人感觉挺好，那就行了，这个效果的取得可能就是通过中药或者一些神经递质类的药物，未必一定要吃激素。

　　现在有很多人都知道"羊胎素"能抗衰老，据说很多青春不老、容颜常驻的明星，都是注射了"羊胎素"，更年期的女人也会想到这个"偏方"。羊胎素肯定是从羊的胎盘中提取出来的，里面肯定有雌激素之类的东西，而雌激素肯定能美容，这是雌激素的"本职"。

　　但是，羊胎素是怎么提取的呢？雌激素特别脆弱，加热、煮熟之后作用就没了，再吃进去被胃酸一破坏就更没了，即便是生吃进去，遇到胃酸也被破坏大半，如果要补雌激素，用这种方式肯定吸收不了。换个角度说，如果你吃进去的羊胎素，保留了其中雌激素的有效成分，那么，何不直接用雌激素？至少后者是可以明确用量的。雌激素的使用量非常重要，否则就是双刃剑，可以增加妇科癌症的发生，这样看，吃羊胎素还可能冒盲目使用雌激素乃至使用过量的危险。

第五章

女人·孕

脸要穷养·身要娇养

　　女人怀孕，是个非常时期，也是个正常时期。因此，孕期的保养需要在"战略上藐视，战术上重视"，要保养，但不必用力过度。相反地，"半途而废"的流产，倒是值得重视的，因为这是一种违背生理的异常状态，特别是"药物流产"的便利，很可能使女人们在痛苦减轻的同时，对埋下的隐患也无视了。

被放纵了的孕期饮食

　　女人的身材变化有几个时期，一个是青春期，很多女孩子青春期一下子丰满甚至肥胖了，这与激素水平的不稳定有关。再一个是更年期，就是所谓"发福"，这和年龄大了代谢功能下降，脂肪消耗不掉有关。还有一个是孕期产后，除了激素的因素之外，这个时期有了足够的理由放开嘴，大快朵颐。对现在的女人来说，怀孕时几乎没有吃少的、吃得不够的，基本上都是吃过了，而这，就是身材走样儿的关键。

⊙怀孕后体重增长不能超过15千克

　　怀孕分为早期、中期和末期，早期就是头3个月，中期是4~7个月，末期是7~10个月。

　　在早期，大部分孕妇都有妊娠反应，恶心，想吐，对异味很敏感，因此这一期间，一般体重不会增长太多，有的甚至还会减轻。此时一味地让她多吃，几乎不太可能，而且也没必要，因为孕妇在早期不需要额外增加热量的摄入，保持和孕前一样就可以。在怀孕第3个月末，孩子的神经系统开始形成，骨骼开始发育，这时候特别需要注重补充，是帮助神经系统发育的东西，比如B族维生素，还有现在很时髦的DHA这种脂肪酸，对儿童的视力神经发育比较好，为此，对有妊娠反应的人，为了防止呕吐，最好的办法是吃一些营养浓缩的干的食物，不要吃太稀的东西。另外一个就是少吃多餐，能吃一口吃一口，尽可能地多吃几回，总之把一天的量吃够就可以了。在妊娠早期，体重增长0.5~2千克是比较合适的。

到了中期，妊娠反应基本上都会过去，这时候的营养和食量都该注意了。准妈妈一般到这一期间食欲开始增强，每天主食、蔬菜、鱼肉蛋类都应该比正常的时候要多一点，但是并不是可以多很多，怀孕到中期的时候，每天也就需要增多50克主食和10克蛋白质的样子，蔬菜水果稍微放宽一点。而且从这时候开始，就要注意检测你自己的体重了，既要补，还要让体重不能增得太快。很多人在早期的时候有呕吐反应，一旦胃口一开，就想赶紧补，而且怀孕前为了保持身材从来不敢放开吃的问题现在也根本不注意了，结果先把自己吃成了胖子。所以，在产前检查的时候，一般都是怀孕5~6个月的时候，大约25周，最容易出现血糖增高的问题，一般都是吃出来的，随体重增加血糖也出问题了。一旦如此，当然不是吃降血糖药了，首先就是控制饮食，还要配合运动，如果最终控制不了，或者怀孕前就有糖尿病，借着怀孕血糖又上去了的话，就得用一点胰岛素了，务必把血糖控制住。

所以，怀孕5个多月的时候是一道关，如果这个时候体重没长得太快，血糖也正常，剩下来的就是要注意妊娠末期了，就是7~10个月之间，体重也会有一个增长，因为这时候，孩子的大器官形成了，比如消化道、心脏等。

此时，每天可以增加75克粮食和20克左右的蛋白质。20克左右的蛋白质相当于100克左右，也就是100克左右的动物性食物（指生食的分量），比如肉、鱼、蛋、奶都属于动物性食物，与此同时，维生素、矿物质，包括新鲜的蔬菜还是可以增加的，特别是钙、铁更要注意。但不管怎么加，怀孕到最后也不过是可以增加1254千焦的热量，折合一下的话，就是3袋牛奶的热量，等于每天多喝3袋牛奶，因此你看，怀孕确实需要补养，但绝对没有放开吃的道理。

大家仔细看一下会发现，每天增加100克肉的话已经是个不小的数字了，你按照这个数字吃的话，体重也可以保持在正常增长的范围，可以控制在12.5~15千克之间，这是怀孕之后比较合理的体重增长。但这也不是绝对，还要看怀孕前的基础体重，如果你之前很瘦，怀孕后的体重增长可以到十七八千克；假如怀孕前就偏胖，最好就别超过15千克了。一般来说，如果怀孕之后体重增长超过了20千克，以后要彻底恢复就很难了，而且恢复的时间也很重要，如果生完孩子1年左右的时候，体重还没有明显地接近你孕前体重的话，这个难度就比较高了，要花点大的代价，节食、运动都要跟上了。

⊙粮食不能减，餐数可以加

之所以要对孕妇强调粮食，主要是很多女人在怀孕之后担心发胖，首先去掉的就是粮食，因为她们觉得，粮食就是热量，没其他营养，不如省下这点热量去吃肉、喝牛奶。事实上，怀孕之后首先要保证热量的供应，因为你从一个人变成两个人了，糖类（碳水化合物），具体说就是粮食，作为热量的来源是最容易被人体所利用，代谢负担是最小的，所以，孕妇每天至少要吃到150克粮食，这是起码的，能吃到250克更好。

在每天的250克粮食里头，有70~100克的杂粮的效果，比纯粹的精粮要效果更好。首先是因为现代人缺乏运动，怀孕之后更如此，如果精制粮食吃得太多，"妊娠糖尿病"的产生可能就增加了，特别是当你的父母有糖尿病的话，一旦不太注意，怀孕就可能是糖尿病的起因，而且粗粮中矿物质、维生素比精粮中的多，纤维素也多，可以帮助解决孕期常见的便秘问题。

如果你已经血糖高起来了，或者说有糖尿病的嫌疑了，可以采取少吃多餐的方式。这样可以避免一次吃得太多，造成你的血糖一下子太高，使胰岛的工作任务突然加大。毕竟孕产妇是两个人的营养，既不能让血糖升高，还能让孩子正常发育，所以你可以把全天的营养均匀地分到六餐甚至七餐、八餐里，每次都不让胰岛特别累，靠餐次的增加把全天的营养都摄入够。

但一定要注意，不管是因为避免糖尿病还是本身总觉得饿而加餐，多餐的前提是总量控制，即少量多次。很多人怀孕之后不停地吃，确实多餐，但总量也上去了，成了多量多次，这样怎么能不胖？怎么能不得糖尿病？

目前在中国的孕妇中，妊娠糖尿病的发病率能达到15%，这是个很高的数字，就是说发生得很普遍。如果不加以控制，你的孩子从小就等于是泡在糖水里，他的胰岛在他还没出生前就开始工作了，这就使他比其他孩子多了胰岛耗损的机会，等他出生、长大，胰岛的储备已经受到影响，力量不足，他就比其他人多了得糖尿病的机会。

到了哺乳期，开始"坐月子"了，跟怀孕时所需的热量是接近的，也是每天可以增加75克粮食和20克蛋白质，但与妊娠期相比，还是要节制一些。毕竟哺乳到4个月的时候，孩子就要加一些辅食了，这时候你自己就没有必要吃得太多了，到了哺乳6个月以后，食量就应该恢复到你原来正常的水平。

生完孩子的女人都关心什么时候可以去瘦身。中国有"坐月子"这种民俗，之所以产生这样的民俗，还是因为中国人的体质适合这样做，毕竟中国人不是个食肉民族，体质远没有食肉的西方人那么强壮，所以西方女人生育后很快就可以洗澡、运动，似乎也没后遗症。现在中国很多女性也在效仿，但这需要适可而止，因为即便是中国现在饮食水平提高了，身体比上几代强壮了，但中国人的基因是不会在这么短的时间里就变化的，很多薄弱环节还是隐藏着，生育后的调理还要重视。即便不是生育后的女人，也经常因为受寒而成病，中医讲，"邪之所凑，其气必虚"，身体有漏洞、有弱点的时候，外邪，包括气温变化的寒邪，也包括病毒细菌等传染性因素都可能乘虚而入，分娩毕竟是对身体的一个打击，从这个角度上说，月子可以不用像过去有那么多烦琐的讲究，比如绝对的避风、绝对不能洗澡、绝对卧床等，但也要有些针对性的照顾，给身体一个恢复的时间。

而且，"坐月子"其实也是很多女性，特别是之前体质差、身体瘦弱的女性一个弥补的机会，可以借助激素变化的力量，加上合理的调养，使自己变得丰润白皙起来，所以生产后的锻炼要做，但还是要在月子之后开始，走路、慢跑都可以，也不用等到七八个月之后。

⊙生男孩的妈妈容易坏牙吗

怀孕之后的补钙倒是一般都重视，但针对孕妇的补钙是需要药品、食物相结合的，因为食物当中，钙质利用最好，含量最高的就是奶制品，但是中国人喝奶的本事不行，按照要求，孕产妇每天需要的钙质要达到1200~1500毫克，我们从日常饮食中摄取的钙，只能达到600~400毫克之间。一袋牛奶含钙质120毫克，你在正常饮食的基础上，至少还需要喝5袋奶才能补充够，否则就是吃奶制品，比如奶酪，因为奶酪是浓缩的，所以可以不用吃那么多。但就算你能喝下5袋奶，热量也是超标的，所以，可以在饮食的基础上，补充一片钙片，大约是600毫克，这个量就够了。

不能小看补钙问题，很多生了男孩子的妈妈事后发现，怀孕前从来没去过口腔科，结果儿子出生之后，自己就开始不断地补牙，龋齿层出不穷，这就可能和缺钙有关。因为男孩子骨骼比女孩子骨骼大，对钙的需求就大一些，准妈妈如果不及时补钙，吃进去仅有的钙就要先被孩子抢走，自己的牙就会因为缺钙而变得脆弱了。

怀孕之后另一个需要强调的就是蛋白质一定要吃够，是因为它是"生产材料"，比如我们盖房子，水泥、钢筋是必备的，蛋白质就是水泥，是身体赖以成形的东西，鸡、鸭、鱼、肉、蛋、奶都能提供蛋白质，你可以换着吃。很多人讲究补B族维生素如叶酸等，但无论补什么，都要在粮食、肉类的基础上发挥作用，是"锦上添花"，粮食、蛋白质这些是"锦"，是基础。如果你在怀孕前是吃素的，只要准备怀孕就要改变这个习惯，即便是不吃肉，但蛋和奶一定要保证，而且要吃够，否则就没有权利做母亲，因为豆腐这种植物蛋白提供的蛋白质，远不足以支撑孩子成形，必须是动物蛋白质！

除此之外，孕妇要摄入少量的脂肪，这一点可以通过吃坚果达到。比如一天吃上两三个核桃仁，一把腰果、杏仁都可以，量不用太大。有的女性在意保养，知道橄榄油含的是"不饱和脂肪酸"，觉得是好东西，就每天早上起来喝几勺橄榄油，这样的保养就用力过猛了，即便橄榄油里含的是有益身体的不饱和脂肪酸，但毕竟它是油，热量很高，你在注意补充不饱和脂肪酸的同时，付出了热量增加的代价，这就不值得了，孕妇也没必要如此。

还有一个需要注意的是，不能缺铁。十几年前，孕妇有缺铁的现象，很多人怀孕之后贫血，后来饮食丰富了、这个问题似乎解决了，但因为现在的人惧怕胆固醇而不吃动物内脏，吃的上面也更讲究了，结果反倒出现了妊娠期的贫血。对孕妇来说，是应该每周吃上两三次动物的肝脏的，这是特别值得特殊要求的，虽然枣、木耳、绿色蔬菜里含的铁也比较高，但是都不如动物的肝脏、动物的血来得直接，这两种普通人会因为胆固醇而忌讳的食物，在妊娠期是可以"特事特办"的。

最让人揪心的"怀孕后异常"

成功受孕后，准妈妈们一般都会感到十分幸福与开心，但是在长达将近10个月的孕期里，诸如出血、腹痛、孕后子宫肌瘤、羊水过多、胎动不正常等孕后异常情况总是让人时时揪心。怀孕后的一些异常情况关乎大人和孩子的一生健康，绝对不能等闲视之，需要专业人士给予科学的检查和指导。

⊙有了"流产先兆"是流掉还是保胎

孕妇会出现不同程度的出血，尤其在孕前3个月的时候，有时候确实是"流产先兆"。这个时候，是保胎还是顺其自然？任其优胜劣汰？首先要鉴别此时的胚胎自身是不是发育正常。如果B超提示胚胎发育很正常，激素检测也在正常范围，只是有单纯少量出血，那就不需要太多的担心，可以适当保胎，因为不是孩子的问题。如果早孕阶段，还要想到是不是"宫外孕"。如果胚胎在子宫以外的部位妊娠了，也会导致出血，这时候就不是保胎问题，而是保住母亲的问题了。此外，如果宫颈有一些糜烂或者息肉也会引起出血，不必因此而虚惊。如果到了中晚期还出血，还要想到有没有胎盘位置上的问题。如果胎盘长得太低也会导致妊娠期出血，这种情况还是很危险的。

根据研究显示，在早期流产的这些胚胎中，可能有1/3，甚至1/3以上的伴有不同程度的染色体的异常，尤其是很早期的流产，一般就是8周以前的流产，多数可能伴有自身发育胚胎异常，就是孩子本身有问题。这种情况一般就不建议保胎了，而且这种情况下，即使你采取目前的保胎方法也保不住。

不管怎么样，如果已经确认妊娠，任何时间段的阴道出血都提示你要极早到医院来，必要时先要做B超，确定胚胎是不是存活着，如果七八周了，没有胎心，胚胎发育很滞后，光靠卧床休息和保胎药意义不大。如果你的先兆流产是因为母体的黄体功能不足，这时候有针对性地补充一些激素，也许对胚胎的发育是有利的，这种保胎可能还是有必要的。

⊙怀孕后发现子宫肌瘤怎么办

很多女性怀孕后检查发现有子宫肌瘤，于是担心会不会影响妊娠。那就要取决于肌瘤的大小和位置。医生要监测肌瘤是不是随着妊娠逐渐长大，还要监测胎儿发育的情况，如果胎儿发育的情况跟孕周相符合，就不需要太多的担心，一般而言，在妊娠期的肌瘤，因为到怀孕以后，激素的变化会增长、变大。有的人会发生子宫肌瘤的变性，子宫肌瘤变性的时候病人会感觉到有些腹痛或者发热，在这个时候就需要住院给予观察了。多数人即使有子宫肌瘤也能够顺利度过妊娠阶段，但确实比其他人容易发生流产和早产，要加以注意。

既然肌瘤会带来这种危害，最好的办法是怀孕前做"孕前检查"，看看子宫，双侧附件有没有问题，肌瘤或者宫颈息肉在检查中就能被发现而及时摘除了。更重要的是，如果有子宫肌瘤，很多人是难以受孕的，在孕前检查中就可能发现你不孕的原因了。

⊙怀孕七八个月时肚子痛，是宫缩吗

在妊娠期确实会出现不同程度的下腹疼痛，或者下腹发紧，这种现象其实从十几周开始就有了，属于生理性的宫缩。通常这种宫缩次数比较少，疼痛程度不严重，那么，怎么与导致最终早产的宫缩鉴别呢？

一般先从宫缩次数鉴别。生理性的宫缩平均一天有几次、十几次，每小时不会超过4次，如果活动比较多的情况下，你会觉得宫缩比较频繁。这个时候要多休息，最好是卧床休息，如果每小时的宫缩还在3~4次，就该到医院去检查了。

现在医院有比较好的预测方法，对经常宫缩的可以做一个阴道分泌物的"胎儿纤连蛋白"检测，这项指标如果是阴性，提示近期内不会发生早产，一般一两周内不会发生早产。如果你自己觉得反复有宫缩，B超提示宫颈管有缩短，而且"胎儿纤连蛋白"也是阳性的，这个孕妇应高度警惕，必要的时候可以进行一些处理，以防早产的发生。

对多数孕妇来说停经20~22周就可以感觉到胎动了，也有个别的，比如说人比较偏瘦，观察比较仔细的话，可能20周以前也会感觉到胎动，对经产妇来说，曾经经历过妊娠，对胎动比较敏感；对初产妇来说，也许胎动已经出现，自身不能够识别出来。

胎动就像一条鱼在水中游泳一样，可能碰你一下，或者像飞来的一只蝴蝶轻轻撞击一下，很轻微，但是随着孕周增加，孩子的运动增强以后你可能会感觉到胎动的幅度会增强。但是一般来说，在20周左右还没有感觉到胎动，建议要到医院听听胎心了，在医生听胎心的过程中，胎儿会出现一次胎动，你也就此记住了那种感觉。胎心好说明孩子存活很好，没有胎动可能只是你没有感觉出来，可能早已经存在了。

"唐氏筛查"就是抽孕妇的外周血，根据其中激素和血清的标志物的情况来确定孩子发生染色体畸形的危险，有没有生下"唐氏综合征儿"的危险。"唐氏综合征儿"就是具有严重的智力障碍的"先天愚型儿"，他们生活不能自理，并伴有复杂的心血管疾病。

如果你的结果比正常稍微高一点，这时候最好再做"羊水穿刺"。因为本身这种筛查是提供一种风险，既然你已经超过临界值，就属于高风险组了。高风险组的孩子，比其他的胎儿发生21-三体或者18-三体畸形的机会高，如果不做羊水穿刺，医生是没有办法进一步判定的。

以往大家认为胎儿出现染色体问题主要是在35岁以上才怀孕的女性中发生，在35岁以上，年龄每增加1岁，可能这种风险值都会增加一些。现在发现，即便没到35岁，是非高龄的，也会有一定的发生概率，只是没有那么高。所以，现在医院都积极建议非高龄的人最好也要做"唐氏筛查"。

⊙羊水过多或过少都是问题

羊水过多过少都是有原因的，胎儿的畸形既可以导致羊水过多，也可以导致羊水过少。如果胎儿是消化道闭锁，胎儿不能进行正常的羊水吞咽，就会导致羊水过多；反过来，如果胎儿的泌尿系统有梗阻，吞咽的羊水不能排出来，羊水循环不能很好地形成，就可能产生羊水过少。还有一些母亲，自己血糖高，又没有及时控制，也会导致羊水偏多，当然了，双胎的时候羊水会多一些。

怀孕到晚期，胎盘功能不好，羊水也会减少。有些人属于正常值的高界值，检查如果胎儿没有异常，而且羊水过多也是逐渐地在增加的时候，就没必要太担心。

有很多孕妇过了预产期就开始紧张，事实上，根据推算得到的预产期，只能给这个孕妇什么时候分娩提供一个参考，并不是说所有胎儿都会在预产期前生出来。一般医学上说，只要在37周以后分娩，就属于足月了，过了预产期，也就是过了40周以后，如果过了两周还不分娩就称之为过期妊娠，随着过预产期时间的延长，尤其超过两个星期，这时候胎儿宫内出现一些缺氧等合并症的机会增加，一定要严密监测胎儿在宫内是不是健康。

孕妇自己怎么监测呢？可以靠观察胎动，胎儿在缺氧的时候，也会像成人一样，不愿意动了。如果胎动很好，说明孩子很健康。另外还可以在医院定期做胎心监护，也能反映胎儿宫内有没有缺氧，必要的话可以通过B超看看羊水多少。如果胎儿健康，过预产期一周以上还不分娩可以到医院检查，看看宫颈是否成熟，胎儿在宫内情况如何。过了预产期需要注意两点：一个是不需要太紧张，还属于正常范围；另一个就是要提高警惕，进行严密的监测。

到怀孕后期的时候，有的人还会检查出孩子"脐带绕颈"。这种情

况下，孕妇只能够加强对胎儿的监测，主要是观察胎动，如果胎动有异常要及时到医院来。

"药物流产"和"人工流产"哪个好

人工流产就是人们常说的"人流"，是一种手术，是用机器形成一个负压，将吸管送到子宫腔里，把妊娠的东西吸出来，这种手术的失败率在千分之五。药物流产是从20世纪90年代开始的，是通过吃药造成自然流产，既然是自然流产，子宫里的东西就有可能排不出来或者排不干净，然后造成持续出血，这就相当于它的"副作用"。

⊙ "药流"不能自己做，做前一定先做B超

目前来说，药物流产的成功率大约在90%，但有4%~5%的人，用了药以后流不出来，或者还有残留在宫腔里面，这时候需要再做手术和刮宫。相比来说，人工流产更安全一些。所以大家不要以为，药物流产很简单，拿两片药回家吃了就完事了，它是有适应证的，并不是所有人都可以用药物流产。

首先就是怀孕的月份，就是停经周数的问题。如果一个人的月经很

规律，每28天来一次月经，她停经49天之内才可以做药流。一定要搞明白这49天怎么算：应该从最后一次月经开始算起。比如说她是1月1号来最后一次月经，那么她到了2月19号之前可以做药物流产，这样来算是49天。有些人的月经不规律，二十一二天就来一次，如果也按49天算，胎囊就太大了，已经不适合做药流了。所以，最准确的办法还是用B超来确定！国家对药流有一个明确的规定，药流之前必须做超声波检查！以确定是宫内孕才可以做药流，如果你没有这方面的检查，比如说在家里，我拿一个试纸条测试，我怀孕了，然后就去买一点药吃，先不说停经的时间是不是过了药物流产的规定，如果是宫外孕，那危险就大了，相当于人为地刺激流产，刺激腹腔出血，如果你还对此浑然不知，是会要命的。

⊙突然腹痛要想到"宫外孕"

正常的妊娠应该是发生在子宫里面的，子宫才是孕育胎儿的地方，如果输卵管出了问题，受精卵到不了宫腔，而是直接"住"在输卵管里，这就是宫外孕。当然，宫外孕还有很多种，但最常见的就是这种"输卵管妊娠"。这个地方很薄，有时候一收缩就破裂，所以宫外孕很容易造成腹腔大出血，人很快就休克了。

如果真的是宫外孕，是需要到医院住院治疗的，不一定需要做手术，特别是早期发现的话，可以用药物治。现在医院都有"微创手术"，通过做腹腔镜就可以解决，而且能安全地保留输卵管，但前提是

你必须没有出现大出血和"急腹症"！一旦大出血了，你就失去了这些条件，那个时候肯定要开腹做手术，可能连输卵管也保不住了，将来会影响你的生育功能。如果你只知道自己怀孕了，不知道自己是宫外孕，自己在家吃了流产的药，等于推动了这个灾难的发生。

宫外孕早期一般没有什么症状，有些人会有少量的出血，有的病人完全没有症状，这就靠医生的判断，比如做B超，在停经35天以后，通过做阴道的超声波检查就可以在子宫内看到孕囊。如果到那时候子宫内还看不见，医生就要高度怀疑了，会不会长到子宫以外的地方去了？这就要动态检测，如果没有什么症状，可能医生会让你回家，过1周再来做B超，同时要抽血检查，一步一步确诊。

宫外孕的典型症状就是突然肚子疼，但没有阴道出血。有的人上厕所的时候突然晕倒了；有的人肚子疼伴着胃疼；还有人想要大便。所以很多宫外孕的人最先去看了"肠道门诊"，有时候就给她当"感染性痢疾"、"肠炎"治了，那就很贻误病情。所以，如果你结婚了，或者说有了性生活，这种突然剧烈的肚子疼就不能只想到消化道疾病了，要想到有没有宫外孕的问题，要多这么根"弦"。

⊙做"药流"也有年龄限制

药物流产首先在年龄方面有个限制，只适合18岁到40岁的女性，超过40岁和小于18岁的女性不能用药物流产。因为年龄太小，内分泌不稳定，药物流产时用的"米非司酮"是拮抗孕激素的药物，有可能造成内分泌紊乱，对本来就不稳定的内分泌造成影响，将来会给身体带来很大的伤害。40岁以上的病人，由于年纪大，可能已经有一些潜在的疾病了，药物可能对疾病有加重的作用，所以也不能用。再比如，你以前有子宫肌瘤，卵巢本身有囊肿也不能用。而且既然是药物，肯定有不良反应，甚至有过敏反应，药物引起的过敏性休克，可能几分钟人就不行了，如果没有医生在场，是很危险的。所以，药流的时候，特别是最后用药的时候，一定是在医院里，医生指导着用了以后，要观察半小时，发现没有问题了，才允许你到别的地方转一转。因此，你是不是适合用药物流产，一定要医生说了算。

事实上，"药流"的失血比"人流"要多得多，所以，如果你本身有贫血，是不适合做药流的，而且要做凝血功能的检查，如果有凝血功能障碍的就更不能做药流了。再比如，患有生殖道炎症，像阴道炎、宫颈炎和盆腔炎是绝对不能做手术的，有一种人流的合并症就是宫腔粘连，其中一个原因就是感染造成的。手术过程中，不是说一定是医生给你带进去什么，而是你的器官本身有细菌寄居，如果术后没有得到很好的休息，怕让别人知道就去上班了，感染的机会就会增加，后患就是这样留下的。正常的流产，不管是药流还是人流都有2周的假期，也是为了避免劳累、感染带来的问题。

药流对人体的损伤会小一些，但前提是你一切顺利，用了药之后很好地就排出来了，血也很好地止住了，想达到这一点的前提是：及早发现怀孕，并及早处理。

但药物流产毕竟有5%左右的失败率，吃了药没有排出来，这时候要做刮宫。但此时你的子宫非常软，做手术容易发生损伤。比如你做药

流，出血时间很长，很容易合并感染，这时候再做手术去补救，就是高危的手术，一定是需要住院的，因为要防止大出血。

流产后的出血是病人关心的大问题，人工流产出血超过2周，就一定要到医院来检查了，如果是药流，出血时间可以相对放得长一点，但出血超过3周也一定要做检查，做超声检查和验血，看看是不是排干净了。并不一定都是没流干净，还可能是因为感染或者内分泌的问题造成的，要根据具体的情况确定应该做刮宫还是调整月经周期或者消炎治疗。

现代人讲究生活质量，包括流产也想能没痛苦，所以现在有"无痛人流"，这是医学发展的趋势。所谓"无痛"就是给你打麻醉药，这就需要麻醉师在旁边监护，需要给你吸氧，因为这种麻醉药容易引起呼吸抑制，如果没有监护，会有生命危险。所以，做无痛人流的医院一定要有专业的麻醉科、麻醉师。

除了麻醉的风险外，妇科医生的水平也很重要。如果是"有痛"的流产，子宫一旦被穿孔，病人就会感觉到疼，就会提醒医生。但是在全麻、无痛的情况下，她就没有这感觉了，全凭医生自己的判断。所以，要做无痛流产，一定要找个级别高的正规医院。

⊙流产后多久能"复原"

怀孕之后，要分泌很多的激素，为即将诞生的婴儿做准备。比如乳腺要发育长大，为了将来孩子的哺乳，还有胰岛素、下丘脑等都要分泌很多的激素来维持妊娠。突然流产，等于人为终止了一个自然过程，是个"急刹车"，就会出现内分泌的紊乱。有的人做完流产以后发生了闭经，有的几个月不来月经，来了以后会大出血。其实并不是因为刮宫使局部子宫内膜出问题了，而是整个机体发生了。所以很多人做了流产之后，不知道自己的下次月经应该什么时候来。

一般从做完流产到恢复排卵需要2~3周的时间，排卵以后再来月经还需要2周。所以，要在流产手术之后30~40天才来月经，但有的人恢复得慢，尤其是年纪越大受到打击就越大，排卵的功能恢复需要时间，有的人会两三个月才来月经，如果时间太长，就需要到医院检查了。

为此，有些人也有误解，以为做完流产短期内不会怀孕了，事实上，医生都会告诉她一个月要禁止性生活，结果有相当一部分人做完一次流产，第一次月经都没来就又怀孕了。所以，如果你流产之后有过"超前"的性生活，又总不来月经的话，是需要到医院去检查一下是不是又怀孕了。还有一个可能就是，是不是内分泌紊乱或者子宫在手术时受到损伤了，内膜被刮得太薄了，对体内的激素刺激无法作出反应、或者发生感染，宫颈粘连了，有血也流不出来。

如果发现宫腔粘连，可以在子宫里放一个环，做一个支架，让子宫壁不要粘在一起。或者给大量的雌激素，刺激残留下来的子宫内膜生长起来，把粘连的地方、薄的地方铺上去，重新把子宫腔覆盖起来。但这是理论上的，有一些人还会因此不能怀孕了，尤其是宫腔粘连，再怀孕的概率只有20%~30%！

不管是自然流产还是人工流产、药物流产，在中国都叫"小月子"，老人们都知道，"小月子"得当真坐，得和正经月子一样重视，就是因为流产是违背生理的，身体在"急刹车"之后需要调节、恢复。流产之后如果失血不多，不必像正常生产那样大肆补益，但保温和休息仍旧是重要的。

现在药店里可以买到的"益母草膏"、"八珍丸"都可以用在流产后调养用。益母草有活血化瘀的作用，可以帮助残存在子宫里的瘀血排出。如果你本身就是个体质偏弱的人，流产之后气血肯定受到影响，这时候可以同时吃"八珍丸"，在活血化瘀的同时适当补养一下气血。

无助高龄的"试管婴儿"

试管婴儿技术通俗地来说，就是从女方体内取出卵子，从男方体内取出精子，把精子和卵子放到实验室的培养皿里面，让它们结合。结合以后的受精卵，在培养液当中发育到早期的胚胎，然后再把这个胚胎移植到母亲的子宫里面去。因为精子和卵子以及早期的胚胎是在实验室的试管里的，一般待到6天之内，所以俗称"试管婴儿"。

⊙ "试管婴儿" 就是人工帮精卵 "见面"

如果两个人有规律的性生活，又没有避孕，这样的状态持续一年仍旧没有怀孕，就可以诊断为不孕症了。如果你想做试管婴儿，都是要在诊断为不孕症以后开始检查，看是不是具备做试管婴儿的条件。

目前的试管婴儿技术主要用在女方输卵管不通上，输卵管不通，精子和卵子就无法相遇，试管婴儿技术可以使它们得以"见面"、结合。还适合于女性的排卵障碍，如果通过吃药来促排卵，但排卵功能还是不正常，也可以使用试管婴儿技术。另外就是男性因素了，做丈夫的如果是重度的少精、弱精症，可以通过单精子注射的方式帮助卵子受孕。还有一些免疫方面的因素导致的不孕，都可以尝试做"试管婴儿"。

做试管婴儿的人都关心成功率，成功率取决于很多因素，比如患者的年龄，她有没有其他合并的疾病，如果合并有子宫内膜异位症、多囊卵巢综合征，或者其他免疫的问题，都会影响试管婴儿的成功率。如果是单纯的输卵管因素，比如说输卵管不通，年龄又在35岁以下，男方精液也正常，这种成功率大概在40%，这指的是临床妊娠率。

要提醒大家的是，女性的生殖能力是一个从旺盛到降低的过程。因为女人的卵子数量是固定的、与生俱来的。成熟之后，每月排一个卵，同时有很多卵泡就会闭锁，到25岁，尤其到30岁以后大量的卵泡就会闭锁。30岁以后，这个仓库里面的储量会急速降低，所以一般35岁以后，胎儿先天畸形的发生率都会升高，所以把35岁以后怀孕的女性称为"高龄产妇"，到这时就要尽量避免婴儿先天畸形的发生了。

很多人年轻时贪玩或者注重事业，觉得年龄大了怀孕可以求助于试管婴儿，事实上，40岁以上做试管婴儿的成功率是非常低的，因为卵子数量少、质量低，这些先天不足，会直接影响试管婴儿成功率。也就是说，试管婴儿技术并不是万能的，也有年龄限制。因此，借用张爱玲"出名要趁早"那句话的句式：女人怀孕也要趁早。

有的人很苦恼，怀孕之后反复流产，如果有生殖道方面的异常，比如说子宫肌瘤、子宫内膜息肉、子宫畸形、阴道异常，是会导致复发流产的。还有一些，比如说父母双方的染色体异常，胎儿的染色体异常也会导致流产。再比如一些免疫方面的问题，如糖尿病，也会导致流产。因此，对复发的流产需要做一个比较全面的检查，每个人的影响因素会不同，但也有40%~50%的女性找不到引起流产的原因，大多数找不到原因的时候，会被当做免疫因素来对待，进行免疫治疗。

但试管婴儿技术并不能规避流产的风险，因为试管婴儿技术仅仅是让她怀孕。也有一个情况，比如说试管婴儿技术对精子和卵子进行处理了，可能会减少一些免疫的影响因素，有的时候会对减少流产有些帮助。

⊙这些情况可以尝试做"试管婴儿"

有过"宫外孕"之后

如果曾经有过宫外孕，或者因为宫外孕做过手术，切除了一侧输卵管，可以尝试做"试管婴儿"，因为宫外孕是输卵管功能有问题，精子和卵子在输卵管这个不该相遇的地方相遇结合，很多人会多次宫外孕，这就很危险了，而且如果切除了一次之后，受孕的概率也会减小，这时候可以试试做"试管婴儿"，直接避免了精子和卵子在不该见面的地方"见面"、结合的问题。

诊断"子宫内膜异位"之后

试管婴儿技术的适应证里面，有一条是"子宫内膜异位症"，但并不是说诊断了"子宫内膜异位症"就一定要做试管婴儿，还可以通过别的方式，比如说手术的方式，通过促排卵的方式，通过人工授精的方式帮助受孕。但是，试管婴儿技术是治愈"子宫内膜异位症"合并不孕症的一个比较好的方法。

有30%~50%的"子宫内膜异位症"会合并不孕症。怀疑"异位"症的人，首先要做腹腔镜检查，因为有很多卵巢癌的病人的症状和异位症很相近。同时在腹腔镜手术当中，如果发现有双管盆腔的粘连，有输卵管粘连，还可以同时做盆腔的粘连分解术，输卵管的整形术，这样会改善一个盆腔不利的环境。很多病人，20%~30%的女性在这样检查手术以后能够自然怀孕，如果不能怀孕再通过给她做促排卵，人工授精进行治疗。

"子宫内膜异位症"的病人，经过手术治疗后一定要尽快怀孕，一拖，疾病还要复发，而且越来越重，而怀孕是治疗"子宫内膜异位症"的最好治疗方式。你怀孕了，月经就停止了，在异常位置上的出血也就停止了，异位症因此得以治疗。

卵巢早衰之后

如果已经明确诊断卵巢早衰了，一般情况下是不能怀孕了，除了特例，通过治疗的很少人又恢复排卵。实际上，卵巢早衰就是卵巢功能衰竭了，像绝经以后一样，生育功能失去了。从严格意义上来说不能由你自己遗传子代，只能通过赠卵，跟自己丈夫的精子结合，做试管婴儿，然后进行胚胎移植。虽然那样可以自己生一个孩子，但是从遗传学上说并不是你的孩子。

发现丈夫少精、弱精之后

男方是不是真的少精、弱精，首先要准确诊断，有时候不能通过一次的检查就确定，比如说男方最近的劳累或者压力大，抽烟、喝酒多，这些都会影响，禁欲的时间比较长或者比较短的时候都会影响检查结果，至少要检查3次以上。有的人吃点药，休息休息就自行恢复了。这些都解决不了的时候，可以通过技术手段选一些质量好的精子集中起来，做人工授精，打到妻子的宫腔里面。有的实在是太弱了，不能使卵子自然受孕、受精，可以做单精子注射，就是找一个质量最棒的精子，直接注射到卵细胞内，帮助妻子受孕。

被你误会了的避孕药

避孕药从20世纪60年代发明出来到现在，已经40多年了，国外使用得相当多，它的安全性在不停地印证中。现在应用最广泛的就是短效避孕药，为的是随时可以停止服用，尽快恢复生育功能。

⊙避掉"宫外孕"

大家吃的避孕药，主要是由雌激素和孕激素组成的，这两种激素是女性一生中必须要有的。有些人卵巢功能不好，不能产生雌激素和孕激素，发育就停滞在幼女的状态，乳房不发育、第二性征没有，一点也显示不出来女性魅力来。所以，你吃口服避孕药来改善自己的激素状况，虽然它们是人工合成的，但是作用和身体里的激素是一样的，所以，机理是非常安全的。

卵子在卵巢中发育，一般到月经中期的时候已经成熟，可以排出来了，排出来以后，卵巢就要产生雌激素。卵子排出来以后，卵巢还要产生孕激素，这时候就既有雌激素，又有孕激素了。

女性怀孕之后，雌激素和孕激素是持续存在的，因为只有在持续存在的情况下，对大脑可以形成一种"提醒"，大脑会命令卵巢休息了，以便让妊娠继续下去。避孕药的原理是模拟一个妊娠的状态，让大脑误以为自己的身体怀孕了，卵巢因此休息。鉴于此，避孕药的好处首先是避免"宫外孕"的发生。

"宫外孕"是一个很危险的妇科急症，一旦发生破裂，会引起大出血，对生命构成威胁。如果你的卵巢休息了，不排卵了，肯定就不会怀孕了。但是，如果我们用其他的方法，比如戴避孕环，虽然抑制了受精卵在子宫内的着床，但是不能影响它在别的地方着床，仍旧可以在输卵管内长，仍旧可能引起"宫外孕"，所以，对一些有宫外孕历史的妇女，她最适合选择的就是口服避孕药。

⊙预防卵巢癌、子宫内膜癌

也是基于以上原理，吃避孕药可以减少卵巢癌的发生。因为如果卵巢不休息的话，每个月都要工作，每个月都要产生卵子出来，每个月排卵后都有一个破口，这就要修复。修复过程中如果碰到一些有害的东西，就容易发生肿瘤，吃避孕药之后卵巢休息了，恶变的机会就少了。

避孕药还能明显地降低子宫内膜癌的发生。因为子宫内膜癌的发生需要有一个长期的雌激素环境，而孕激素可以促进内膜的脱落，抵抗雌激素的这一"副作用"。所以，更年期女性即便需要吃雌激素缓解更年期的症状，但绝对不能一直吃雌激素，一定要配合孕激素，孕激素起的就是保护内膜的作用，降低子宫内膜癌的发生。而避孕药里包含了雌激素和孕激素，这种降低子宫内膜癌的作用在服药期间有，停药之后，这种作用还会继续延续一阵。

至于另一个女性高发的癌症——乳腺癌，国外作了很多这方面的大样本比较，把服口服避孕药的和不服口服药的人作对比，看看5年之后怎么样，结果发现两者没有差异。

调节月经

如果月经周期不好，先到医院确定一下是不是内分泌的原因，如果是内分泌的原因，完全可以通过吃避孕药使月经变得很规律，基本上是28天一次月经，每次的量也正常了，一般四五天就可以结束了。如果你每次都因为月经量多造成体弱贫血，避孕药可以明显地改善这种状况。

美化肌肤

最开始避孕药发明出来的时候，里面有孕激素，还有雄激素。女性面部长痤疮，基本上跟雄激素有关系，雄激素高或者脸上皮脂腺对雄激素特别的敏感，容易造成皮质分泌过剩，一合并感染就长成痤疮了。随着避孕药的深入研究，现在的孕激素的纯度已经很好了，雄激素的活性不但降低了，而且有些避孕药还有抗雄激素的作用，所以避孕药具备了美化肌肤的作用。

有些人到皮肤科看痤疮，医生会给她开"环丙孕酮（达英-35）"，"环丙孕酮（达英-35）"实际上就是一种避孕药，它的一个适应证就是治疗痤疮，是因为它里面的孕激素具有抗雄激素的作用。同时它可以产生一种蛋白质，把你体内过多的雄激素结合起来，因此减少雄激素受体的敏感性，从这些方面的作用一起来治疗痤疮。

还有的女性是"脂溢性皮炎"，就是头发特别爱出油，一天不洗都不行，这也是皮脂腺分泌旺盛的一个现象，实际上也和雄激素有关系，"环丙孕酮（达英-35）"这种药同样也具有治疗皮炎的作用。

有的女孩子，刚刚到青春期，就长了很多痘痘，医生给开了"环丙孕酮（达英-35）"，家长害怕，说那么小的孩子可以吃吗？可以吃，只要她来月经了就可以吃，因为她来月经了就意味着有孕激素和雌激素了。但是男孩子不能吃，因为雌激素和孕激素只在女性身体中存在。

⊙服用避孕药要知道的常识

吸烟人不宜用避孕药

适合用避孕药避孕的人，一般需要身体健康，年龄在40岁以下。如果这人吸烟，一天吸10~20根的量，她也不适合吃。因为口服避孕药对人体最大的副作用就是产生血栓性疾病，比如脑血栓、心肌梗死，这是避孕药里的激素造成的。所以，如果你家中有人有血栓性疾病的历史，你选避孕药的时候就要谨慎，这就无关年龄了，因为你可能本身就是血液高凝的体质。而烟中的有害成分直接损伤血管的内皮细胞，血管内皮因此变得粗糙，吸烟本身也会使血栓容易形成，这时候再吃避孕药等于"双管齐下"、"雪上加霜"。另外，有肝炎、肾问题的人不适合吃避孕药，因为这会增加肝肾的代谢负担。

吃避孕药过程中怀的孩子能要吗

很多人不吃避孕药，是担心药物把生育能力"避"没了。这个担心是多余的，有大量的实验证明，什么时候停了药，什么时候卵巢的功能就恢复了。具体说，基本上是在你停药的20几天，卵巢就恢复自然排卵了，既然叫"短效避孕药"，就是因为它的药效很短，可以很快地在你的身体内消失了，这个作用一消失，大脑就开始命令启动卵子发育，它的避孕功能不过是让卵巢休息了一阵子罢了。

吃避孕药过程中怀的孩子能否要是很多人关心的问题，首先你要知道自己吃了哪一类的药。比如吃了"左炔诺孕酮片（毓婷）"之后意外怀孕了，这个孩子实际上是可以要的。有专家已经做了长期的跟踪，有些人确实是这样怀孕了，然后还是生下了孩子，专家跟踪了300多例，孩子畸形的发生率和没有吃药孕妇的孩子发生畸形率没有什么差异。

但对"米非司酮"没有大样本的追踪，不好说有没有不良反应，如果吃了药之后还是意外怀孕了，还是终止妊娠更保险，因为做药物流产的时候也要吃"米非司酮"，而用了药物流产以后，如果没有流下来，这个孩子是不能要的，如果继续要，孩子将来会有一些出生缺陷。

避孕药可以先从便宜的吃起

避孕药可以先从便宜的吃起，大家目前使用的基本上都是"短效避孕药"，比如国产的"复方18-甲基炔诺酮片"、"复方炔诺酮（避孕1号）"、"复方甲地孕酮片（避孕2号）"，进口的比如"去氧孕烯炔雌醇片（妈富隆）"，都是雌激素和孕激素剂量不同的搭配。可以先选最便宜的来吃，如果吃得很好，没有什么副作用，没有长胖，就接着吃下去。虽然国产的孕激素没有进口的那么好，但如果吃下去你没有觉得不适，就没有必要换进口的，因为避孕效果一样。

避孕药一定要定时吃

避孕药一定要定时定点吃！因为它很快就代谢掉了。假如你今天中午吃了，明天晚上吃了，激素的水平就不能维持在一个很稳定的状态，避孕效果有可能下降，还有可能出现不规则的出血，因为你激素的水平在不停地波动，所以，最好的办法就是定时定点地服用。

再一点，如果吃完药胃不舒服，两三小时之后吐了，这个时候，药有可能就吐出来了，等于白吃了。如果出现这种情况，你就需再吃一片。有人可能今天晚上有事，忘记吃了，什么时候想起来，就赶紧补上，以后还是要按照之前的时间接着吃下去，至于效果，如果你在7天之内有性生活，最好还是加用避孕套，这样才会更安全。

图书在版编目（CIP）数据

脸要穷养，身要娇养 / 佟彤著 .—长沙：湖南科学技术
出版社，2011. 5
ISBN 978-7-5357-6648-9

Ⅰ.①脸… Ⅱ.①佟… Ⅲ.①女性 – 养生（中医）–
基本知识 Ⅳ.① R212

中国版本图书馆 CIP 数据核字（2011）第 049278 号

上架建议：美容·健康

脸要穷养，身要娇养

作　　者：佟　彤
出 版 人：黄一九
责任编辑：林澧波
监　　制：刘　丹
策划编辑：王　蕾　王　静
营销编辑：刘　迎
封面设计：刘红刚
版式设计：李　洁
出版发行：湖南科学技术出版社
　　　　　（湖南省长沙市湘雅路 276 号　邮编：410008）
网　　址：www.hnstp.com
印　　刷：北京嘉业印刷厂
经　　销：新华书店
开　　本：16
字　　数：160 千
印　　张：15.5
版　　次：2011年 5 月第 1 版
印　　次：2011年 5 月第 1 次印刷
书　　号：ISBN 978-7-5357-6648-9
定　　价：29.80 元

（若有质量问题，请直接与本社生产服务中心联系调换）